악성 민원에서 유치원, 어린이집 교사를 보호하는

알기 쉬운
민원 대응과
교권 회복으로
살아남기 77

악성 민원에서 유치원, 어린이집 교사를 보호하는

알기 쉬운 민원 대응과 교권 회복으로 살아남기 77

초판 1쇄 발행 2024년 8월 26일

지은이 | 김연희, 이정희, 김학선

발행인 | 최윤서

편집 | 정지현

디자인 | 최수정

펴낸 곳 | ㈜교육과실천

도서문의 | 02-2264-7775

인쇄 | 031-945-6554 두성 P&L

일원화 구입처 | 031-407-6368 ㈜태양서적

등록 | 2020년 2월 3일 제2020-000024호

주소 | 서울특별시 중구 창경궁로 18-1 동림비즈센터 505호

ISBN 979-11-91724-64-6 (13370)

악성 민원에서 유치원, 어린이집 교사를 보호하는

알기 쉬운
민원 대응과
교권 회복으로
살아남기 77

김연희, 이정희, 김학선 지음

교육과실천

추천의 글

"교사들에게 공감과 솔루션을 제공하는 책"

●●● 2024년 정부의 정책 방침에 따른 유보통합이 진행되는 가운데 어린이집과 유치원 교사들을 위한 《알기 쉬운 민원 대응과 교권 회복으로 살아남기 77》의 발간은 그동안 전무했던 보육 교직원의 민원 대응 부분을 점검하고 앞으로 나아갈 방향을 제시하는 소중한 계기가 될 것으로 생각됩니다. 저자들이 말하는 "신뢰 관계의 핵심은 자녀에 대한 세심한 관찰과 이해"는 보육 현장에서 다양한 민원을 접하고 해결 방법을 찾기 위해 교사들과 함께 고민하고 이야기 나누었던 부분이었기에 많이 공감되었습니다.

영유아 교사라면 이 책을 읽으며 공감하면서 한편으로는 슬프기도 하지만, 결국에는 희망을 갖게 될 것입니다. 민원 해결에 대한 정보는 물론이고, 교사 자신을 한없이 작게 느끼게 했던 무기력으로부터 벗어나 '다시 일어서게 하는 힘, 회복탄력성'을 기르는 데 도움이 되리라 생각합니다.

특히 영유아 교사라면 누구나 공감할 77가지 민원 사례는 각 사례에 대한 해결 방법이 제시되어 있어 교사들의 민원 대응에 큰 도움이 될 것으로 예상됩니다. 더불어 어린이집과 유치원 학부모들이 교사의 고충을 이해하고 공감할 수 있기를 기대합니다. 교육 현장의 아픔과 고민을 위해 귀한 책을 출간하는 세 분의 집필진께 깊이 감사를 드립니다. 또한 현장의 교사들을 응원합니다.

허현주 / 한국어린이집총연합회 국공립분과위원회 회장

"선생님들의 고충을 엿볼 수 있는 책!"

●●● 매일 아침 두 아이를 어린이집과 학교에 보내면서 선생님들은 얼마나 힘드실까 막연하게 생각했던 것들이 이 책의 목차에 고스란히 담겨 있는 것을 보고 깜짝 놀랐습니다. 아이들을 교육기관에 보내면서 궁금했던 내용뿐만 아니라 학부모라는 이름으로 당연하게 요구했던 일들이 선생님들께는 얼마나 당황스럽고 힘든 것이었는지도 알게 되었습니다. 이렇게까지 요구하는 학부모가 있을까 하는 사례들을 읽어 보며 우리 아이들의 선생님도 위로와 격려가 필요한 순간이 많았겠구나 하는 생각이 들었습니다.

내 아이의 권리만큼 선생님들의 권리도 중요하고, 교권이 살아나야 미래를 짊어지고 갈 우리 아이들도 올바르게 성장할 수 있으리라 생각합니다. 항상 최선을 다하는 선생님들께 감사드립니다.

조지혜 / 금창어린이집 학부모

●●● 영유아교육 현장은 다양한 실험과 움직임 속에서 배움이 일어나는 역동적인 공간입니다. 이 공간은 교사와 학부모가 함께 아이들이 건강하고 행복한 삶을 살아갈 수 있도록 만들어 가는 배움의 장입니다. 때로는 교사나 학부모, 유아의 배움의 내용과 방법이 다를 수 있습니다. 이 책에서는 이러한 다름으로 인해 발생하는 구체적인 사례와 그에 대응하는 방식을 통해 교사들에게 새로운 배움의 기회를 제공합니다. 몸과 마음이 건강한 영유아 교사로 살아가기를 원하는 교사들에게 유용한 책이 될 것입니다.

안효진 / 인천대학교 교수

●●2023년 12월 「정부조직법」이 개정되고 유치원과 어린이집이 유보통합의 길로 들어섰습니다. 2024년 6월 27일부터는 영유아 교육·보육 전담 부처가 교육부가 되어 질 높은 교육과 공정한 출발을 보장하겠다고 합니다. 그러나 현장의 교사들은 마냥 기뻐할 수 없습니다. 그간 유아교육과 보육 현장에서 발생했던 각종 민원 사례들을 잘 알고 있기에 구체적인 통합을 앞둔 지금도 여전히 두려움이 가득합니다. 이러한 때 영유아 교육과 보육 현장의 여러 교권 침해 사례와 대응 전략을 제시하는 책이 출간된다고 하니 기대가 됩니다. 새롭게 시작할 영유아학교(가칭)가 교육공동체 모두가 보다 안전하고 행복한 학교로 성장하고 발전해 나아가기 바랍니다.

안정은 / 인천유아교육진흥원 원장

●●●우리 선생님들! 학부모와의 신뢰 형성, 동료 교사들과의 관계 유지, 참된 교육 실현을 위해 부단히 노력하고, 또 고민하고 계시지요? 뜻대로 흘러가지 않는 상황에 좌절도 할 것이고요. 하지만 무엇보다 우선시되어야 할 것은 바로 '교사 나 자신'입니다. 교육 현장에서 직면하게 될 여러 민원 발생 상황과 대응 방안이 낱낱이 수록되어 있는 이 책은 열정 가득한 선생님들에게 지혜를 더해 줄 것이라 확신합니다.

박재희 / 논현유치원 교사

들어가는 글

교육의 질은 교사의 질을 넘지 못합니다

'교육의 질은 교사의 질을 넘지 못한다.'는 말은 교직 사회에서 진리처럼 여겨집니다. 인간은 생애주기에서 가장 왕성한 발달과 성장을 이루는 영아기, 유아기, 청소년기에 건강한 사회 구성원으로서 살아갈 수 있도록 형식적·비형식적의 다양한 교육을 받습니다. 미래 사회의 구성원으로서 사회를 유지하고 발전시킬 수 있는 개인으로 성장하도록 교육을 받는데, 제도 안에서 이러한 교육을 수행하는 직업이 바로 교직입니다.

과거 교사는 존경과 명예의 상징이었고, 교직은 선망의 직업이었습니다. 그러나 이러한 인식은 이젠 과거의 일이 되어 버렸습니다. 교사들은 아이들을 가르치는 일이 더 이상 존경받는 명예로운 일이 아니라고 느끼고 있습니다. 사회로부터, 학부모로부터 존중받지 못한다고 생각합니다. 그러다 보니 교직에 대한 만족도와 교직(교수) 효능감도 떨어지고 있습니다. 꽤 심각한 상황이고 어려운 문제입니다.

지금 교사에게 중요한 것은 동기부여와 효능감입니다

필자가 만난 젊은 교사들은 '나는 왜 교사를 하는가?'에 대한 질문에 명확한 답을 찾지 못하고 있었습니다. 그래서 교직을 회피하거나 떠나려고 합니다. 어떤 사안에서든 분명한 이유와 타당한 결과, 만족도가 중요한 요즘 젊은이들에게 교직은 더 이상 선호하지도 매력적이지도 않은 직업으로 여겨지고 있습니다. 2024학년도 대학

입시에서 그 결과가 뚜렷이 나타났습니다. 사범대, 교대 등 교원 양성 과정 학과의 경쟁률이 매우 저조했습니다.

교육 현장의 미래가 걱정입니다. 교사가 살아나야 교육 현장이 살아납니다. 교사에게 교직에 대한 심리적·정신적·물리적 동기부여가 필요합니다. 교육활동을 주도적으로 이끌어 나갈 교사들의 성취동기와 교직 효능감을 되찾아 주어야 합니다. 교사들의 어려움을 이해하고 그들을 위한 제도적·정서적 지원이 적극적으로 이루어져야 합니다. 우리의 교육 현장이 다시 살아나기 위해서는 교직을 존경의 직업, 선망의 직업이 되도록 해야 합니다.

교사의 자존감을 지켜 주어야 합니다

필자는 이 책을 집필하기 위해 현장의 유치원 교사, 보육교사의 이야기에 귀 기울였습니다. 그들의 교직 경험과 생각에 대해 이야기를 나누었습니다. 한 보육교사는 유아의 발달에 적합한 교육과 돌봄이라는 교사의 본질적 직무보다 학부모의 민원 해결사로 전락했다고 자신을 비하하며 자괴감을 표현했습니다. 또 다른 유치원 교사는 교육과 돌봄, 학부모 민원 대응의 과정에서 수반되는 감정노동으로 인해 피로감과 무력감, 자괴감을 느끼고 있으며, 이러한 상황의 지속으로 삶의 질이 매우 떨어졌다고 말했습니다.

많은 교사들과 인터뷰하면서 지금의 상황이 매우 심각하다는 것을 느꼈습니다. 그리고 교사들이 겪는 어려움과 고통에 공감과 치유가 필요하다고 생각했습니다. 어려움을 겪고 있는 교사들에게 길잡이가 되어 주고, 그들이 다시 일어설 수 있도록 도와야겠다고 생각했습니다. 이것이 이 책을 집필하게 된 이유입니다.

이 책이 이렇게 쓰이기를 바랍니다

첫째, 이 책이 학부모 민원으로 고통받고 있는 교사들에게 위로가 되기를 바랍니다. 민원 대응 과정에서 교사가 겪어야 하는 갈등과 고통에서 스스로를 돌보고 치유하며 다시 일어서는 데 이 책이 조금이라도 도움이 되기를 바랍니다.

둘째, 이 책에서 제시하는 '교육활동 침해에 대한 77가지 대응 사례'가 현장의 교사들이 다양한 민원을 해결하는 데 실제적인 도움을 주는 길잡이로 활용되기를 바랍니다.

셋째, 영유아를 교육기관(유치원, 어린이집)에 보내는 학부모들이 이 책을 통해 영유아 교사들의 고충을 이해하고, 그들의 아픔과 고통에 공감할 수 있기를 기대합니다.

못다 한 이야기 그리고…

맞벌이가정의 증가로 교육 및 돌봄 수요가 증가하고 있습니다. 국가에서는 '유보통합'이라는 영유아 교육 및 돌봄의 새로운 시스템을 구축하려고 합니다. 영유아 교육과 돌봄의 문제는 더 이상 가정, 어린이집, 유치원만의 문제가 아닙니다. 사회적 양육, 사회적 돌봄 시스템 안에서 이루어져야 합니다. 이를 위해서는 영유아 교사의 전문성에 대한 인정과 그에 따른 적절한 처우와 지원이 동반되어야 합니다. 또한 영유아 교사가 교육과 돌봄이라는 본연의 직무를 전문적으로 수행할 수 있도록 교사를 보호하는 제도적·행정적 장치 마련이 필요합니다. 교사들이 민원으로부터 해방되어 신명나게 일할 수 있는 그 날이 어서 빨리 오기를 희망해 봅니다.

인터뷰를 통해서 영유아 교육 현장의 생생한 경험을 진솔하게 공유해 주신 유치원, 어린이집 선생님들께 감사드립니다. 선생님들은 유아교육, 보육 현장의 소중한 보물입니다. 선생님들의 건승과 행복을 진심으로 기원하겠습니다. 또한 이 책이 나올 수 있도록 노력과 지원을 아끼지 않으신 교육과실천의 최윤서 대표님께도 깊은 감사의 마음을 전합니다.

목차

"1"
우리들의 '마음챙김' 이야기

Part 2 영유아 지도

Part 3 안전

1장

우리들의 마음챙김 이야기

영유아교육의 안정적 수행을 위한
교권 존중

학부모 민원에 시달린 후부터 무기력과 우울감으로 힘들어요. 그 학부모를 보면 나도 모르게 긴장하고 마음이 불안해요. 그 학부모는 제게 교사의 역할 이상의 것을 요구하고 있어요. 교사인 저를 믿지 못하고 사사건건 예민하게 반응하는 학부모 때문에 교직에서 벗어나고 싶다는 생각을 합니다.

2023. 12. 사립유치원 교사 C

교직 생활의 어려움을 토로하는 교사가 갈수록 늘고 있습니다. 저출산으로 학급당 원아 수는 줄었지만 유아의 문제 행동은 예전보다 훨씬 늘어나고 복합적이어서 교사가 살피고 감당해야 할 일이 점점 많아지고 있습니다. 교사에 대한 학부모의 요구 또한 더욱 다양해지면서 교사의 부담은 가중되고 있습니다. 영유아교육 현장에서는 많은 교사들이 학부모의 민원에 시달리고 있으며, 이로 인한 교권 침해로 어려움을 겪고 있습니다. 이러한 현상은 교사의 심리적 부담을 가중시켜 명예퇴직 등으로 교단을 떠나는 교사가 늘고 있고, 교사에 대한 직업 선호도도 갈수록 떨어지고 있는 현실입니다.

교육이 인간을 바람직한 방향으로 성장·발달시키는 의도적이고 계획적인 작용이라고 볼 때, 발달의 기초가 형성되는 결정적 시기인 영유아기 교육을 담당하는 영유아 교사는 그 누구보다 중요한 사회적 역할을 담당하고 있습니다. 특히 어린 연령의 영유아를 교육하는 교사의 사명감에는 영유아의 발달에 대한 이해와 존중이 밑바탕이 됩니다. 영유아 교사는 영유아의 발달에 적합한 교육과 돌봄을 지원함으로써 그들의 돌봄받고 교육받을 권리를 지켜 주고 있습니다. 이처럼 영유아 교사는 영유아의 권리를 지켜 주는 보호자이자 지원자로서의 역할을 수행하고 있지만 정작 교사 자신의 권리는 지키지도, 주장하지도 못하고 있는 실정입니다.

교권은 교사의 권리인 동시에 권위를 말합니다. 교원으로서의 직업적 권위와 권리에 해당하는 교권은 교육 현장에서 영유아를 가르치고 지도하는 데 필수적인 요소입니다. 영유아교육의 안정적 수행을 위해 교사의 교권은 충분히 보장되고 존중되어야 합니다.

또한 교사 자신의 노력도 필요합니다. 안정적이고 효과적인 영유아교육 및 돌봄 환경을 마련하고, 교육활동에 대한 존중과 긍정적인 지원 및 협조를 받으며, 교권이 보장받고 유지될 수 있도록 교사 스스로의 노력도 필요함을 잊지 말아야 합니다.

Tip
교권을 지키는 기본적인 법률 상식
유치원 교사의 교육권, 신분·지위권, 재산권, 노동 및 휴식에 관한 권리는 「교육기본법」 「유아교육법」 「사립학교법」 「교원의 지위 향상 및 교육활동 보호를 위한 특별법」을 통해 법률로 명시하며 보장하고 있습니다. 교사의 지위 및 권리에 대한 법적인 근거에 대해 관심을 가지고 기본적인 법률 상식을 갖추는 것은 이제 기본입니다.

삶의 지혜를 가르치는 스승 vs
교육·돌봄 서비스의 공급자

> 저만 열심히 한다고 해결되는 것이 아니더라고요. 아이들이 좋아서 보육교사가 되
> 었는데 기본적인 존중도 못 받는다는 생각이 들 때가 많아요. 저희를 선생님이라기
> 보다는 보모나 아이 봐 주는 베이비시터 정도로 생각하더라고요.
>
> 2023. 12. 보육교사 C

위 인터뷰는 현장에 나와 보니 생각 외로 익숙하지 않은 업무와 만만치 않은 영유
아들 사이에서 힘겨워하며 한 학기를 보낸 한 보육교사의 사례입니다. 이처럼 학부
모로부터 존중받지 못한다고 느끼는 상황을 계속 경험하면서 많은 교사가 좌절하고
있습니다. 초임교사를 은근히 무시하는 학부모를 만나거나, 교사에게 사사건건 따지
고 요구하는 학부모를 만난다면 어느 순간 교직을 시작할 때의 충만했던 의욕과 자
신감은 사라지고 맙니다.

과거에는 유교 사상의 영향으로 교사는 대표적 지식인으로 여겨지며 존경의 대상
이었습니다. 높은 사회적 지위와 명예도 인정받았습니다. 그러나 요즘에는 교사에
대한 존중과 권위가 많이 떨어지고 있습니다. 이러한 사회적 인식과 분위기로 인해
교사를 인간의 성장과 발달을 지원하며 삶의 지혜를 가르치는 스승이라기보다는 교

육하고 돌봄 서비스를 수행하는 공급자로 인식하는 경향이 확대되고 있습니다.

　　현장 교사들의 인식도 변화하고 있습니다. 교직에 대한 사명감으로 스스로를 '준비된 교사'라고 생각하며 호기롭게 출발했지만, 학부모가 제기한 민원을 원만하게 해결하지 못하고 지속적으로 항의를 받아 심적 부담과 스트레스가 쌓이면서 자신감은 어느새 사라지고 그 자리에 걱정과 불안이 자리 잡아 교직생활에 대한 회의와 자괴감이 들게 됩니다. 교직에 대한 동기부여를 잃은 채 교직을 떠나고 말지요.

　　이제 우리는 함께 고민하고 논의해야 합니다. 교사들에게 교직을 처음 시작할 때의 그 마음, 기대와 열정으로 가득 차 있던 그 마음, 아이들을 많이 예뻐하고 사랑했던 그 때 그 마음을 찾아 주어야 합니다. 더 나은 교육을 위해 노력하는 교사들의 성취동기를 찾아 주어야 합니다. 교권 회복이 절실한 이유입니다.

가르치는 대상이 어리다고
전문성이 떨어지는 것이 아니다!

유치원 교사를 초·중등 교사와 다르게 생각하는 학부모의 인식에 불쾌했던 경험이 있어요. 엄연히 대학에서 유아교육을 전공했고 교사 자격증도 있는데 저희를 그저 아이들을 돌보는 사람으로 생각하는 것 같아요. 번번이 하원 시간에 "선생님, 몇 시까지만 더 봐 주세요." 하고 당연하다는 듯이 요구해요.

2023. 12. 사립유치원 교사 A

최근에는 교사들이 교직에 대한 보람과 긍지보다는 직업인으로서의 역할에 만족하는 인식과 태도를 보이기도 합니다. 실제로 필자가 인터뷰한 많은 교사들이 사회적으로 교사를 존중하는 긍정적인 시선보다 불신하고 비난하는 감시의 눈초리로 바라본다고 느끼는 경우가 많다고 이야기하고 있습니다. 영유아에 대한 적극적인 지도가 아동학대로 오해받기도 하는 현실에서 현장의 교사는 교사로서의 정당한 권위를 상실한 채 유아들의 문제 행동을 지도하기도 버거운 현실에 대해 토로하기도 합니다. 가르치는 대상이 어리다고 해서 영유아 교사의 전문성이 떨어지는 것도 아니고, 교권의 가치를 낮게 인정해도 되는 것도 아닙니다. 교사의 전문성이나 권위는 가르치는 대상이나 내용의 난이도에 상관없이 가르치는 일 자체에 대한 존중과 신뢰가 동반되어야 합니다. 영유아교육을 전공한 영유아 교사야말로 영유아의 신체적, 인지적, 사회적, 정서적, 언어적 발달 등 전인적 발달을 위해 교육하고 지원할 수 있는 영유아 발달 및 교육 전문가이기 때문입니다.

Tip

영유아교육 전문가로서의 역량

가르치는 대상이 어리다고 해서 영유아 교사의 전문성이 떨어지는 것은 아닙니다. 교권의 가치를 낮게 인정해도 되는 것도 아닙니다. 교사의 전문성이나 권위는 가르치는 대상에 상관없이 가르치는 일 자체에 대한 존중과 신뢰가 내재되어야 합니다. 영유아교육을 전공한 영유아 교사야말로 전인적 발달에 적합한 교육과 돌봄을 전문적으로 지원할 수 있는 영유아 발달 및 교육 전문가입니다.

교사의 또 다른 어려움,
감정노동

교사의 감정선이 아이들에게 미치는 영향력을 매우 잘 알고 있지만 힘들고 지칠 때는 제 감정을 조절하기가 힘들어요. 이런 제 모습이 너무 마음에 안 들어요. 제가 생각했던 교사의 모습이 아니에요.

아이들과의 문제보다는 동료 교사들과의 문제, 학부모와의 문제가 큰 것 같아요. 아이들은 제가 좀 부족해도 선생님인 저를 좋아해 줘요. 그런데 학부모나 동료 교사들은 안 그래요. 제 의도와 상관없이 오해가 쌓이고 감정의 골이 깊어지는 상황이 감정적으로 너무 힘들어요.

2023. 12. 보육교사 B

가르치는 것보다 더 어려운 일

영유아 교사는 예비교사 시절부터 교사라는 직업에 맞게 '좋은 사람'이어야 한다는 당위적 신념을 갖도록 교육을 받습니다. 사회적인 인식 또한 어린 영유아에게 세심한 배려와 보살핌을 제공해야 하는 영유아 교사는 항상 부드러운 미소를 띠고 아이들을 긍정적으로 대해야 한다고 생각합니다. 이처럼 영유아 교사는 육체노동, 정신노동과는 또 다른 차원인 '감정노동'을 경험하고 있습니다. 그렇다 보니 실제 교육 현장에서 일부 학부모가 교사에게 정도를 넘는 말이나 행동을 하더라도 교사는 속상한 실제의 감정과 다르게 감정을 꾸며서 표현하는 경우가 많습니다. 영유아교육의 특성상 영유아 교사의 감정노동은 교사들이 현장에서 겪어야 하는 현실적이고 실제적인 경험이라고 할 수 있습니다.

교사는 곧 영유아교육 현장이 자신의 이성과 노력만으로 해결하기 어려운 문제 상황이 많다는 것을 깨닫게 됩니다. 많은 교사가 말하는 직무에서의 어려움은 아이들을 가르치는 일에서도 있지만, 그보다는 유치원(어린이집) 내 인간관계나 학부모와의 관계에서 오는 어려움이 훨씬 더 많은 부분을 차지합니다. 일반적인 인간관계라면 관계를 거부하거나 끊어 버리면 바로 문제가 해결될 수 있지만, 직장인 유치원이나 어린이집에서의 관계 거부나 관계 철회는 어렵습니다. 아무리 힘겨운 학부모를 만나더라도 거부할 수 없고 1년 동안은 그 관계가 유지되어야 합니다. 학부모와의 사이에서 문제 상황이나 갈등을 해결하지 못한 채 관계가 지속된다면 교사는 당연히 심적 부담이 증가하면서 심리적으로 위축되고, 교사로서의 자존감과 효능감이 떨어질 수밖에 없습니다.

Tip
감정노동에서 나를 지키는 방법
교사가 학부모와의 감정노동에서 스스로를 지키기 위해서는 학부모에 대한 정확한 인식이 필요합니다. 교사와 학부모의 관계는 아이의 올바른 발달과 성장을 위해 협력하는 동반자 관계입니다. 나와 대립 관계에 있는 존재가 아니라 나와 한 팀으로 협력해야 하는 존재입니다. 그러한 학부모의 입장을 이해하고 긍정적으로 협조하려는 마음과 태도를 갖는다면 도움이 될 것입니다.

교사의 정서는 아이들에게 그대로 전달된다

무엇보다 교사가 자신의 마음을 다스려야 하는 이유는 교사의 정서가 아이들에게 그대로 전달되기 때문입니다. 교사로서 심리적으로 위축되고 정서적인 불안이 지속되면 우울감과 무기력으로 진행되기도 합니다. 그러한 자신의 감정이 영유아에게 부정적으로 표출되는 경험을 하면 교사는 죄책감에 시달리기도 합니다. 아이들에게 화를 내는 순간 교사로서의 무능함을 들킨 것 같은 기분이 들기도 합니다.

교사의 업무는 기본적으로 아이들을 지도하고 돌보며 바람직한 방향으로 이끄는 일입니다. 영유아를 교육하고 돌볼 때는 나에게서 넘치는 힘과 에너지를 기꺼이 줄 수 있어야 교사가 소진되지 않습니다. 그래서 교사의 정신적·육체적 에너지 관리가 필요합니다. 일과 운영에서 영유아의 교육과 돌봄을 수행하는 것은 정신적으로나 육체적으로 매우 고된 일입니다. 정신적·육체적 에너지가 고갈되었다면 교사는 자신의 힘든 상태를 알아차려야 합니다. 본인이 얼마나 힘든지 살피지 않고 습관적이고 무의식적으로 교육활동을 지속하게 되면 소진과 트라우마로 이어집니다. 자신이 어느 정도 지쳤고 힘든지 알아차려야 합니다. 자신의 소진 상태를 알아차리고 그것을 회복하려는 노력이 필요합니다. 내가 나의 어려움, 고통, 상처를 보살피며 진정한 이해와 위로와 격려로 자신이 회복될 수 있도록 도와야 합니다. 그것이 교사 자신을 위하는 길이자 교실에서 선생님만 바라보며 방긋방긋 웃는 우리반 아이들을 위한 길이기도 합니다.

Tip

토닥토닥, 나 자신을 살피기

영유아 교사는 감정노동에의 노출이 많은 직업입니다. 나의 자연스러운 감정과 관계없이 아이들의 상황에 맞게, 학부모와의 관계에 맞게 감정을 표현해야 하는 일이 많습니다. 이러한 상황이 지속되면 지치고 힘들어서 내가 하는 일에 대한 의욕이 떨어질 수 있습니다. 그 때 나의 마음을 알아차리고, 나의 감정을 수용해 주고 욕구도 인정해 주면서 나를 위한 시간을 갖는 것이 중요합니다. 나를 지키는 가장 효과적인 방법은 나의 감정과 욕구를 민감하게 살펴보고 나를 위로해 주는 것입니다.

병도 주고 약도 주는 그들,
학부모

학부모와 문제가 있어서 위기 상황이 있었어요. 아이가 하는 말만 듣고 제가 아이를 제대로 돌보지 못한다고 생각해서 굉장히 화를 냈어요. 그 오해를 푸느라 힘들었어요. 지금은 그 학부모를 보며 웃으면서 이야기하지만 사실 제게 따지던 그 모습이 잊혀지지 않고 지금도 떠올라서 마음이 편치 않아요.

2023. 12. 보육교사 A

교사를 가장 기쁘게 하는 사람도 학부모이고, 가장 힘들게 하는 사람도 학부모입니다. 학부모가 아이의 성장과 발달을 위한 교사의 교육적 지원과 돌봄에 대해 진심 어린 신뢰와 감사를 표현하면 교사는 큰 보람과 행복을 느낍니다. 그러나 반대로 자기 아이에게 특별한 관심을 요구하며 그 기대에 못 미치면 민원을 제기하는 경우 교사는 힘이 빠집니다. 아이 말만 듣고 교사를 오해하여 심하게 항의하는 경우도 있는데, 이러한 상황에 맞닥뜨리면 교사는 매우 당황스럽습니다. 더욱이 문제 상황이 사실이 아닐 경우 화가 나고 억울한 마음이 들지요.

이때 교사는 학부모의 격앙된 감정에 휘둘리지 말고 이성적으로 차분하게 대응해야 합니다. 억울하다고 감정적으로 대응하면 자칫 감정싸움으로 더 확대될 수도 있기 때문입니다. 교사의 입장에서 가장 중요한 것은 학부모의 오해를 풀고 수습하는 것입니다. 학부모가 문제 삼은 상황에 교사의 실수가 있었는지, 아니면 학부모의 오해인지 정확하게 파악해야 합니다. 교사의 부족한 점이 있었다면 인정하고, 학부모의 단순한 오해라고 하더라도 학부모의 걱정과 염려에 대해 공감해 주고 상황을 자세히 설명하며 오해가 풀릴 수 있게 하는 것이 좋습니다. 그래도 학부모의 태도가 변하지 않는다면 원장, 원감, 부장교사 등에게 도움을 요청하여 함께 만나도록 합니다.

그런데 교사의 노력으로 학부모의 오해가 풀렸더라도 교사의 불편한 마음은 풀리지 않을 때가 있습니다. 그간의 감정노동에 따른 피로감과 문제해결 이후의 허탈한 감정이 교사 자신을 힘들게 합니다. 이처럼 감정노동으로 억울하고 화가 날 때는 스스로 그 감정을 수용하고 돌아보며 자신의 불편한 감정을 살펴야 합니다. 내 안에 복잡하게 얽혀 있던 생각, 감정 등을 차분하게 들여다보고 자신의 정서적 상태나 감정을 수용합니다. 불편한 감정이 내 안에 오래 지속되면 감정에 감정이 더해져서 절망과 불행감이 더해지지만, 불편한 감정을 잘 살피고 수용해서 자신을 이해하고 위로해 줄 수 있는 방법을 찾는다면 감정의 고통을 해소할 수 있습니다. 부정적인 감정이 풀리지 않고 수용되지 않은 채 속으로만 참고 견디며 시간을 보낸다면 어느 순간 무기력이나 우울감으로 변질되어 정신 건강에 나쁜 영향을 미칠 수 있습니다.

Tip
학부모가 따지고 비난하여 억울한 감정이 든다면?

사람마다 다르겠지만 부모가 가장 감정 조절이 어렵고 절제가 안 되는 일이 바로 자녀와 관련된 문제 상황에 대한 대처입니다. 이때 교사는 잘잘못을 가리는 말을 하며 사안에 대해 직접적인 대응을 하기보다는 학부모의 흥분이 가라앉을 때까지 기다린 후, 학부모의 말을 경청하는 태도로 들어 주고 오해를 풀 수 있도록 합니다. 여기서 중요한 것은 학부모의 격앙된 감정에 휘둘리지 않고 정서적으로 거리를 두며 침착하게 대응하는 자세입니다. 학부모의 비난에 상처받지 않도록 합니다. 그래도 학부모의 태도가 변하지 않는다면 원장, 원감, 부장교사 등에게 도움을 요청하여 함께 만나도록 합니다.

교사 무기력의 원인,
번아웃

이 일을 왜 하고 있는지 모르겠어요. 지치고 힘들어요. 당장 그만두고 싶은데 아이들을 생각해서 학기를 마무리해야 한다고 참고 있어요.

2023. 12. 사립유치원 교사 B

자신에게 부여된 직무를 헌신적으로 수행했으나 기대했던 만큼의 보상이나 성과 없이 지치고 피곤하고 탈진되는 현상을 번아웃(burn out)이라고 합니다. 단순히 신체적으로 지치고 의욕을 잃는 수준이 아니라 인간적 회의감이나 좌절감을 겪는 상태라고 말할 수 있습니다. 특히 교직은 심리적으로 소진되기 쉬운 직업 중 하나입니다. 교사는 사회적으로 기대되는 역할을 수행하기 위해서 개인의 감정 표현을 조절하거나 억제합니다. 영유아 교사의 경우에는 아이들의 요구에 세심하게 상호작용하며 긍정적인 정서를 보여 주어야 하는 직업적 특성으로 인해 더 큰 심리적 부담과 스트레스에 노출되어 있습니다. 이러한 상황은 번아웃을 불러오는 요인이 되기도 하지요.

교사의 압박감과 스트레스가 충분히 해소되지 못하고 지속적으로 누적되면 무력감, 좌절감 등이 쌓이고 아이들에 대한 애정이 사라지면서 심리적 소진으로 이어질 수 있습니다. 특히 영유아교육에서는 학부모와의 관계가 교육활동 운영에 큰 영향을 주기 때문에 학부모와의 관계에서 문제가 생긴다면 심리적 부담이 클 수밖에 없습니다. 따라서 교사의 교육과 돌봄, 영유아의 성장과 발달에 따른 교육 성과, 학부모의 신뢰와 긍정적인 협조 등이 조화를 이룰 때 교직에 대한 동기부여, 의욕이 유지되어 교사의 번아웃을 예방할 수 있을 것입니다.

교육 현장에서 안정적이고 효과적인 교육과 돌봄이 이루어지기 위해서는 교육기관, 학부모, 교사의 긍정적인 상호작용이 꼭 필요합니다.

다시 일어서게 하는 힘,
회복탄력성

아이들하고 있다 보면 숨이 막혀요. 내가 이런 상태로 이 일을 계속할 수 있을지 모르겠어요. 이런 상황에서 벗어나고 싶은데 답이 안 보여요.

2023. 12. 보육교사 B

우리 주변에는 큰 고난과 어려움도 잘 극복해 내는 사람이 있는가 하면, 그 고통과 스트레스에서 헤어 나오지 못하고 인생을 불행의 늪에서 사는 사람도 있습니다. 나는 어떠한가요? 전자인가요, 후자인가요? 영유아 교사라는 직업을 가지고 있는 우리들은 깊이 있게 한번 생각해 볼 필요가 있습니다. 교직은 많은 정신적·육체적 에너지를 필요로 하는 고된 일이며, 영유아, 동료 교사, 학부모 등과 긴밀한 관계 안에서 상호작용하며 감정노동과 스트레스를 감내해야 하기 때문입니다. 영유아 교사들은 '소진'에 취약한 조직문화와 근무 환경 안에 있다고 볼 수 있습니다. 따라서 몸도 마음도 건강한 교직 생활을 영위하기 위해서는 고난과 어려움을 잘 극복해 내는 힘인 회복탄력성을 키우는 것이 중요합니다.

회복탄력성 : 삶에서의 역경, 어려운 일을 겪은 후에 다시 일어서게 하는 힘

회복탄력성을 키우기 위해서는 자신의 감정을 이해하고 받아들여 적절히 반응하는 것이 중요합니다. 우리를 힘들게 하는 역경이나 고난에는 고통, 분노, 슬픔, 좌절 등의 감정이 동반됩니다. 그러한 감정을 스스로 이해하고 수용할 수 있게 된다면 고통에서 빠져나올 수 있습니다. 감정은 내가 경험하는 사건에 따른 몸의 반응이며 부산물입니다. 감정을 경험할 때는 매우 강력하게 느껴지지만, 감정은 그때그때의 상황에 따라 변하기 마련입니다. 고통, 분노, 슬픔, 좌절 등 부정적이고 불편한 감정을 오래 가지고 있으면 그 불편한 감정에 부정적인 감정이 더해져서 2차, 3차 감정으로 확대되면서 불행의 늪으로 빠져들게 됩니다.

지치고 힘들 때 나를 회복하기 위해서는 현재 겪고 있는 감정이 일시적이라는 것을 기억해야 합니다. 힘들고 부정적인 감정이 밀려올 때는 모든 일을 잠시 멈추고 그 감정이 자신에게 무엇을 말하고 싶어 하는지 살펴봅니다. 그리고 그 감정을 인정해 주고 그 감정에서 나오려는 노력을 해야 합니다. 감정은 일시적이며 주기가 있기 때문에 그 감정에서 빠져나오려고 노력하면 다시 회복하는 데 도움이 될 것입니다. 회복탄력성이 있는 사람은 역경을 겪은 후에도 빠르게, 예전보다 더 강하게 일어설 수 있습니다.

Tip

고통에서 다시 일어나 나를 회복하는 방법

① 자기 자신의 마음챙김을 통해 감정을 이해하고 수용합니다.

고통과 절망이 나를 감싸고 있을 때 가장 먼저 해야 할 일은 내 마음의 소리를 알아차리는 것입니다. 나에게 집중하여 내 감각, 생각, 감정, 느낌, 욕구를 수용하는

'알아차림'을 통해 내 마음의 시선에 집중합니다. 나에게 집중하면서 나를 힘들게 하는 외부 요인이나 스트레스를 흘려보내고 마음을 진정시킵니다. 명상이나 호흡 등이 도움이 될 수 있습니다.

② 나와 비슷한 경험을 극복한 멘토와 상담하며 위로와 지지를 받습니다.

나와 같은 일을 하는 선배 교사 또는 나와 비슷한 처지에 있는 동료 교사와 고민을 나누고 서로 소통하며 연대하려는 노력이 필요합니다. 같은 일을 경험한 동료들과의 교류, 정서적 지지를 통해 형성된 연대감은 큰 위로와 지지가 될 수 있습니다.

③ 새로운 도전이나 좋아하는 일, 취미 생활을 하면서 마음의 부담을 덜어 냅니다.

내가 집중해서 할 수 있는 일이나 좋아하는 취미 활동 등을 하면서 문제 상황을 잊고 감정을 정화합니다. 퇴근 이후 운동, 동아리활동, 악기 배우기 등 평소에 하고 싶었던 활동에 도전해 보는 것도 좋은 방법입니다.

2장

학부모와 공감과 소통의
신뢰 관계 만들기

학부모를 동반자로 인식하기

교사와 학부모는 영유아의 건강한 성장과 발달을 위해 서로 협력해야 하는 관계입니다. 서로에 대한 신뢰를 바탕으로 공동의 목표를 위해 함께 노력해야 하는 교육공동체입니다. 교사와 학부모는 교육을 위해 한 팀으로 협력해야 하는 관계임에도 아동학대, 교권 침해 등의 문제가 생기면 서로 다른 입장에서 서로를 공격하게 되는 상황을 맞게 됩니다. 특히 영유아 교사는 교육과 돌봄을 통해 영유아를 올바르게 성장시키려고 노력하지만, 교사와 학부모 간 소통이 원활하지 않으면 생각지 못한 갈등이 생길 수 있습니다. 심한 경우 학부모, 그 외 이해관계자가 교사에게 물리적·정신적 피해를 입히는 경우도 발생합니다. 이러한 극단적인 상황으로 진행되는 것을 미연에 방지하기 위해 교사의 마음의 준비가 필요합니다. 교사와 학부모 사이에 불필요한 오해가 생기지 않도록, 학부모도 만족하고 교사도 자긍심을 가지고 교육활동을 할 수 있도록 교사의 노력이 필요합니다.

교사는 담임교사로서 해마다 다양한 배경을 가진 학부모들을 만납니다. 영유아교육에 대한 교육관, 인생관, 사회경제적 배경 등이 다른 많은 학부모를 만나게 되는데, 교사로서는 영유아를 매개로 학부모와 긴밀한 관계를 맺기에 여간 부담스러운 일이 아닐 수 없습니다.

· 자녀를 처음 기관에 보내는 경우 vs 자녀를 기관에 보낸 경험이 있는 경우

· 맞벌이가정이라 조부모가 육아를 하는 경우 vs 엄마가 직접 육아를 하는 경우

· 외동으로 키우는 경우 vs 다자녀를 키우는 경우

· 놀이를 중요하게 생각하는 부모 vs 학습을 중요하게 생각하는 부모 등

영유아의 바람직한 성장과 발달을 위한 안정적인 교육과 돌봄이 이루어지기 위해서는 학부모를 협력해야 하는 동반자 관계로 인식하고 그 안에서 공감과 소통이 잘 이루어질 수 있도록 열린 마음으로 관계를 구축해야 합니다. 각각의 상황과 처지에 따라 다양한 배경과 경험을 가진 학부모를 이해하고 존중하는 마음이 필요합니다. 학부모의 기대와 감정에 공감하고 수용하여 협력적 관계를 만들 수 있도록 해야 합니다. 이를 위해 교사는 입학 전 오리엔테이션에서 학부모와 만나 영유아에 대한 정보를 구하여 아이에 대한 이해를 높이도록 합니다. 또한 영유아의 출생 순위, 기관 경험, 주 양육자 등 아이에 대한 정보에 기초하여 최대한 기관에 잘 적응할 수 있도록 준비해야 합니다.

교사와 학부모는 교육공동체,
원팀 만들기

    교사와 학부모가 한마음으로 협력할 때 가장 좋은 교육이 이루어집니다. 이렇게 교사와 학부모는 영유아의 교육을 위해 협력해야 하는 관계이지만, 서로의 입장과 관점이 다르기 때문에 때로는 불편한 관계가 되기도 합니다. 하지만 교사와 학부모가 영유아의 올바른 성장과 발달을 위해 협력해야 하는 동반자 관계이며, 공동의 목표를 위해 함께 노력해야 한다는 공감대가 형성된다면 상호 존중과 신뢰의 관계가 될 것입니다. 교사 스스로 교사와 학부모의 관계에 대해 긍정적으로 방향을 설정하고 서로 협력해야 하는 교육공동체의 일원으로 인정해야 합니다. 학부모의 입장을 최대한 존중하고 공감해 주어 자녀 교육을 위한 하나의 팀으로 인식하고 협력할 수 있도록 합니다.

교사와 학부모의 이상적인 관계

1. 동반자 관계

교사와 학부모는 양자가 균형을 이루며 동등한 입장에서 아동의 바른 성장을 위해 관심을 갖고 노력하는 동반자 관계이다.

2. 아동의 성장·성숙을 위한 조력 관계

학부모와 교사는 아동의 잠재 능력을 발견해서 최대화하도록 바람직하게 의사소통하며 서로 돕는 관계이다.

3. 상호 존중과 격려의 관계

학부모는 자녀 양육의 전문가로, 교사는 교육 전문가로 서로 인정하며 상호 존중과 격려의 관계를 유지하면서 용기와 힘을 복돋우는 관계이다.

4. 감사와 사랑의 관계

학부모는 세상에 둘도 없이 귀한 자녀를 가르쳐 주는 교사에게 감사하는 마음을 갖고, 교사는 귀한 학생들 한 명 한 명을 잘 보살피고 돌보는 학부모에게 감사하는 마음을 갖는 상호 감사와 사랑의 관계이다.

5. 미래 세대를 함께 가꾸는 관계

교사와 학부모가 미래를 이끌어 갈 아동을 사랑과 정성으로 잘 돌보면 다음 세대가 든든할 것이라는 희망과 기대를 갖는 관계이다.

출처: 별별 학부모 대응 레시피(박미향·이정희·김민정·한영진, 2017), 학지사

신뢰 관계의 핵심은 아이에 대한
세심한 관찰과 이해

자녀를 유치원이나 어린이집에 입학시킬 때 부모의 마음은 우리 아이가 유치원에 입학할 만큼 잘 자랐다는 뿌듯함과 첫 사회생활인 유치원 또는 어린이집 생활에 잘 적응하지 못하면 어쩌나 하는 불안감이 공존합니다. 그러면서 우리 아이가 잘해 나가기를 기도하는 마음으로 기대합니다. 그래서 아이가 첫 교육기관 생활에 잘 적응하면 선생님이 세심하게 살펴준 덕분이라고 생각하며 감사의 마음을 갖지만, 놀이하다가 다쳐서 상처라도 나면 혹시 선생님이 우리 아이에게 관심이 덜한 것은 아닐까 하는 걱정과 염려도 하게 됩니다.

이처럼 유아의 교육기관 적응 과정에서 학부모는 교사에 대한 다양한 생각과 감정이 교차합니다. 그 과정에서 부정적인 감정이 반복되다 보면 교사에 대한 불만과 불신이 쌓이게 됩니다. 따라서 교사는 학부모와 지속적으로 소통하며 영유아의 교육기관 생활을 공유함으로써 학부모의 불안한 마음을 해소시켜 주어야 합니다. 교사와 학부모 간 소통이 원활하지 않고 학부모의 불안이 지속된다면 서로에게 고통스러운 갈등으로 이어지게 될 것입니다.

아이가 선생님은 세상에서 자기를 제일 사랑한다고 했다며 너무 행복해 했어요. 아이가 선생님을 참 좋아해요. 모두 선생님 덕분이에요.

2023. 11. 학부모 A

학부모는 크게 보여지는 교육활동보다 오히려 작은 것에 감동받습니다. 교사가 자녀에게 건네는 말 한마디, 표현 등 작은 배려에 감동합니다. 내 소중한 아이가 교사에게도 소중한 아이로 사랑받고 있다고 느낀다면 교사에 대한 감사와 존경이 바탕이 되어 신뢰가 쌓여 갈 것입니다.

선생님이 우리 아이에 대해 정확하게 잘 알고 계세요. 세심하게 챙겨 주시니 정말 감사해요….

2023. 11. 학부모 B

교사가 우리 아이를 관심을 가지고 살피고 있으며, 아이의 성격이나 특성 등을 잘 파악하고 있다고 느낄 때 학부모는 감동합니다. 따라서 교사는 영유아에 대한 세심한 관찰을 통해 성격과 특성 등을 파악하는 것이 필요합니다. 교사가 내 아이를 누구보다 세심하게 파악하고 아이의 성장과 발달을 지원해 준다면 학부모의 신뢰는 더욱 높아질 것입니다.

교사의 전문성을 키우면
신뢰도 커진다

　영유아교육 전문가로서 아이들을 잘 가르치는 선생님, 아이들의 이야기에 귀 기울이는 선생님, 아이들과 잘 통하는 선생님을 학부모는 신뢰합니다. 따라서 교사가 교육 전문가로서 전문 역량을 발휘하여 성실하게 영유아 지도에 임하는 것이 중요합니다. 관찰 및 기록, 놀이지원, 생활지도를 충실히 한다면 유아들은 유치원 생활을 재미있고 즐겁게 수행할 수 있습니다. 이러한 과정을 통해 신체, 언어, 인지, 정서, 사회성 등 제 영역에서 성장하고 발달할 것입니다.

　선생님의 교육을 통해 아이가 변화하는 과정을 경험하면 선생님을 신뢰할 수밖에 없어요.

2023. 11. 학부모 A

우리 아이가 유치원 가는 것을 정말 좋아해요. 즐겁고 재미있다고 해요. 행복하게 잘 다니고 있어서 감사해요.

2023. 11. 학부모 B

교육기관에 다니면서 변화하고 성장하는 자녀의 모습을 보는 것은 부모에게 큰 기쁨입니다. 학부모는 매일매일 즐거운 마음으로 유치원에 등원하는 자녀를 보면서 교사에 대한 감사와 신뢰가 쌓일 것입니다. 교사가 전문적 역량을 발휘하여 질 높은 교육과 돌봄을 수행한다면 아이들은 더 즐겁게 교육기관 생활을 하면서 성장하고 발달할 것입니다. 이와 함께 학부모의 기대와 신뢰도 더욱 커질 것입니다.

학부모 반응에 대한
민감성 키우기

영유아기의 아이들은 어리기 때문에 부모는 교육기관에서의 생활에 대한 걱정과 불안이 많습니다. 특히 학기초에는 교사도 학부모도 서로에 대한 정보가 없어서 걱정과 불안이 높아지고 외부의 말에 쉽게 흔들리기도 합니다. 학부모는 자녀가 교육기관에 잘 적응하는지, 친구들과 어려움은 없는지, 선생님과 친밀감은 형성되었는지 걱정이 많습니다. 교사는 학기초 처음 교육기관에 보내는 학부모의 걱정을 이해해 주고 공감해 주어야 합니다. 그리고 학부모의 걱정과 요구에 민감하게 대응해 주는 것이 필요합니다.

어느 부모라도 교사가 우리 아이에게 신경 써 주기를 바랍니다. 따라서 교사가 아이 하나하나에 대해서 세심하게 돌보고 있음을 학부모가 알 수 있도록 하는 것도 중요합니다. 교육기관에서 교사는 성심성의껏 아이들을 돌보지만 겉으로 드러나기는 쉽지 않기 때문입니다. 기본적으로 아이가 입는 것, 먹는 것, 놀이하는 것 등 기본생활이 어떻게 이루어지는지 학부모와 소통한다면 학부모의 불안과 걱정은 줄어들 것입니다.

학부모가 가정에서 육아하며 관찰한 내용과 교사가 교육기관에서 놀이, 활동, 일상생활 등을 하며 관찰한 내용을 공유하여 유아에 대한 이해를 높이는 것도 좋습니다. 이를 위하여 교육기관에서 학부모와의 소통 창구를 마련하면 좋습니다. 전화 상담이나 쪽지 등을 활용하여 소통할 수 있고, 클래스팅, 키즈노트 등 SNS 플랫폼을 활용하여 학사 일정에 맞게 미리 활동을 예고하고, 놀이나 활동의 결과물을 올리고, 교육기관 생활에 도움이 되는 정보나 학부모에게 보내야 할 안내문 등을 게시하면 학부모는 자녀의 교육기관 생활에 대한 이해가 높아지고, 지속적인 소통으로 교사에 대한 신뢰도 쌓이게 될 것입니다.

영유아교육 전문가로서
학부모 상담하기

학부모 상담은 신뢰의 기초가 된다

맞벌이가정의 증가로 영유아가 교육기관에서 생활하는 시간이 늘고 있습니다. 교육기관에서 놀이와 활동을 하고 식사, 휴식, 낮잠 등으로 하루 일과를 보내게 됩니다. 자녀가 교육기관에서 장시간 어떻게 지내는지 부모로서는 궁금하지 않을 수 없습니다. 영유아교육 전문가로서 영유아를 관찰하고 발달에 적합한 교육과 돌봄을 지원하는 교사의 전문성에 대해 학부모가 신뢰한다면, 교육기관에 장시간 자녀를 맡기는 부모들이 더 안심할 수 있을 것입니다. 학부모 상담을 통해 자녀의 교육기관생활에 대한 이해를 높이고 올바른 성장과 발달을 위한 지원 방안을 논의함으로써 교육기관과 가정이 연계하여 함께 지도할 수 있도록 해야 할 것입니다.

대부분의 영유아 교육기관에서는 1년에 두 번(1학기, 2학기) 학부모가 기관에 방문하여 자녀에 대해 상담하는 방문 상담을 정기적으로 실시하며, 기타 전화 상담, 온라인 상담 등을 수시로 실시합니다. 학부모 상담은 교사와 학부모가 아이에 대해 교육자와 양육자로서 진지하게 논의할 수 있는 매우 유용하고 중요한 기회입니다. 교사는 영유아교육 전문가로서 학부모 상담을 통해 영유아의 발달 지원, 생활지도, 양육

지원 등에 긍정적인 영향을 미칠 수 있도록 상담 역량을 갖추어야 합니다. 학부모 상담을 통한 교사와 학부모의 긍정적인 상호작용이 서로에 대한 신뢰의 기초가 될 수 있기 때문입니다.

영유아교육 전문가로서 학부모 상담하기

① 유아 상담 기초 자료 준비

학부모가 내 아이의 선생님이 전문가로서 영유아 지도 역량과 자질을 보유하고 있다고 느낀다면, 교사에 대한 신뢰는 물론이고 더 나아가 교육기관에 대한 신뢰도 높일 수 있습니다. 따라서 교사는 영유아교육 전문가로서, 부모교육 전문가로서 학부모 상담에 임할 수 있도록 준비해야 합니다. 교사는 평상시에 영유아의 발달을 객관적으로 진단할 수 있는 영유아 관찰 및 상담 자료를 준비해야 합니다. 놀이, 활동, 일상생활 등을 통해 일화 기록, 발달 체크리스트, 포트폴리오 등의 전문적이고 객관적인 자료를 준비합니다. 이를 바탕으로 영유아의 발달적 진단을 기초로 한 발달 지원 방안을 마련합니다.

② 학부모 기초 정보 파악

학부모와의 원활한 소통을 위한 준비 과정으로 학부모에 대한 기초 정보를 파악하는 것이 필요합니다. 학부모의 사회·문화적 배경, 영유아교육에 대한 인식, 학부모의 니즈 등을 미리 파악하면 대화를 풀어 나가는 데 용이할 것입니다. 유치원에 제출한 부모 관련 기초 정보와 그동안의 통화 또는 대면, 온라인 소통 등을 통해 파악한 학부모의 특성을 정리합니다. 이에 기초하여 이야기를 풀어 나간다면 효과적인 상담에 도움이 됩니다.

③ 상담을 통해 신뢰감 쌓기

학부모가 교사를 자녀의 바람직한 성장과 발달을 위해 협력해야 하는 동반자로 인식할 수 있도록 대화로 풀어 나갑니다. 교사는 학부모의 말을 진지하게 들어 주고 공감해 줍니다. 이는 학부모가 편안하게 자신의 생각을 이야기할 수 있도록 부드럽고 따뜻한 분위기를 조성하는 데 도움이 됩니다. 이러한 공감대를 바탕으로 진솔하고 의미 있는 상담을 진행하며 상호 신뢰를 쌓을 수 있도록 합니다.

④ 객관적 관찰기록일지에 기초한 영유아 발달 지원 방안 논의

전문적이고 객관화된 유아 관찰기록일지(체크리스트, 행동목록 척도, 일화 기록 등)에 기반하여 유아의 발달 진단 및 발달과 성장을 위한 지원 방안을 함께 논의합니다. 이 때 학부모의 의견을 경청하고 요구 사항을 반영하여 협력적으로 진행합니다. 그리고 상담 중에 논의되었던 문제 상황에 대해서는 가정과 연계하여 함께 해결하도록 합니다.

3장

학부모 민원 대응 매뉴얼

민원을 대하는
교사의 마음 다지기

교사는 하루 종일 아이들과 함께 생활하며 교육과 돌봄을 수행하고 있습니다. 영유아를 교육하고 돌보는 일은 매우 강도 높은 에너지를 필요로 합니다. 체력 소모가 많으며, 동시에 영유아를 세심하게 살피며 건강과 안전을 위해 힘써야 하므로 정신적인 에너지도 많이 소모됩니다. 그러나 교사를 가장 힘들게 하는 것은 학부모의 불신과 민원 제기로 인한 마음고생입니다. 교사는 항상 충실하게 교육과 돌봄을 수행하지만, 때에 따라서 서로 간의 입장 차이로 인해 학부모로부터 생각지도 못한 오해를 받기도 합니다. 교사와 학부모가 교육공동체의 동반자로서 서로 존중하는 분위기에서 의사소통이 이루어지면 정말 좋겠지만, 예기치 못한 상황에서 오해가 생기기도 하고 불편한 상황이 만들어지기도 합니다. 특히 교사와 학부모 간 소통이 원활하지 못하다면 더 큰 사안으로 확대될 수도 있습니다.

교사들이 가장 난감하고 힘든 순간은 학부모가 감정적으로 격앙되어 무조건 화를 내며 따지는 경우입니다. 아이의 말만 듣고 화가 나서 항의하는 부모, 자신의 아이를 특별하게 대해 주지 않는다고 항의하는 부모, 아이들 간의 싸움에서 교사가 자신의 아이 편을 들어주지 않았다고 항의하는 부모, 다른 아이들 앞에서 자신의 아이를 야단쳤다고 따지는 부모, 아이가 교실에서 다쳤는데 교사에게 책임을 묻는 부모, 심지어는 교사의 아동학대를 주장하며 화내는 부모 등 이유도 다양합니다.

교사는 갑자기 예기치 못한 상황을 맞닥뜨리면 매우 당황스럽습니다. 아이의 말만 듣고 정확한 사실 확인도 하지 않은 채 흥분하는 학부모 앞에서 화도 나고 억울한 마음이 들기도 합니다. 그러나 이때 절대 학부모의 격앙된 감정에 휘둘리지 말고 침착하게 대응해야 합니다. 만약 교사가 방어적 자세를 취하거나 시시비비를 따지는 상황이 된다면 양측 모두 감정이 상해 감정싸움으로 번질 수도 있습니다. 학부모가 일방적으로 화를 내고 분노를 터뜨릴 때는 일단 정서적으로 거리를 둡니다. 우선 학부모가 자녀에 대한 걱정과 불안으로 예민한 상태라는 것을 이해하고, 교사는 더욱더 이성적으로 침착하게 대응해야 합니다. 또한 학부모는 유아의 건강한 성장과 발달을 위해 협력해야 하는 존재임을 속으로 대뇌이며 마음을 가라앉히도록 노력합니다.

TIP

격앙되어 항의하고 따지는 학부모 대응 방안

1. 침착하게 대응하며 학부모 진정시키기

흥분한 학부모에게 감정적으로 휘둘리지 말고 정서적 거리를 두어 이성을 지켜야 합니다. 흥분하여 격앙된 어조로 따지는 학부모를 진정시키는 것이 우선입니다. 불필요한 말로 학부모를 자극하지 말고 "○○ 부모님, 속상하시겠어요…. 진정하시고 저에게 말씀하세요. 제가 해결해 드리겠습니다."라고 말하며 학부모의 흥분을 가라앉히고 진정시킵니다.

2. 문제 상황 파악하기

교사는 진지한 태도로 학부모가 화가 난 이유에 대해 경청합니다. 학부모가 왜 분노하는지, 교사에게 어떤 부분이 서운했는지에 대해 정확히 파악합니다. 교사는 공감하는 태도로 학부모의 이야기를 들어 주면서 문제 상황을 적극적으로 해결하겠다는 의지를 보여 주는 것이 중요합니다.

3. 교사가 파악한 내용을 객관적으로 이야기하고 오해 해소하기

학무모의 이야기를 진지하게 경청한 뒤, 문제 상황에 대해 교사가 알고 있는 사실과 파악한 사실 등을 종합하여 학부모에게 객관적으로 설명합니다. 교사는 정확하게 인지하고 파악한 내용을 이야기해야 합니다. 상황을 모면하기 위해 정확하지 않은 사실이나 미루어 짐작되는 내용 등을 이야기해서는 안 됩니다. 그리고 교사가 잘 못 알았거나 학부모가 교사의 행동을 오해했다면 학부모가 납득할 수 있도록 충분히 설명하고 해명합니다.

4. 문제 상황에 대해 가정과 공동으로 대처하고 해결하기

유아에 관하여 해결해야 할 문제 상황이 있다면 학부모의 의견을 반영하여 함께 해결 방안을 모색합니다. 교사의 진정 어린 관심과 협조로 문제가 잘 해결된다면 더 발전된 신뢰 관계를 형성할 수 있습니다.

민원을 대하는
관리자의 역할

 교사와 학부모는 교육을 위해 한 팀으로 협력해야 하는 관계임에도 또래 다툼의 확대, 아동학대, 교권 침해 등의 문제가 생기면 서로 다른 관점에서 오는 의견 차이로 갈등을 겪게 됩니다. 최근 이러한 갈등 상황이 증가하면서 학부모 민원 제기도 늘고 있습니다. 학부모 입장에서는 자녀의 권리가 교육기관이나 교사에 의해 침해당했다고 판단하여 민원을 제기한 것이기에 교육기관에서는 법령 등에 따라 민원을 신속, 공정, 친절, 적법하게 처리하며 민원인의 권익을 보호해야 합니다.[1]

 민원을 피할 수 없다면 기관장은 학부모의 민원에 공정하게 대응하고 적법하게 처리해야 합니다. 구성원(학부모, 교사) 모두의 권익을 보호한다는 마음으로 민원에 대응합니다. 또한 민원 응대 과정에서 발생할 수 있는 민원인의 위법행위 등으로부터 교직원을 보호할 수 있는 제반 장치 마련도 중요합니다. 교육부, 인천광역시교육청

---

1 「민원처리법」제4조 제2항, 「민원처리법」제5조

(2024)에서 제시한 〈학교 민원 응대 안내〉 자료를 바탕으로 학부모 민원에 대비하여 기관장이 해야 할 역할에 대해 알아봅시다.

① 학교의 장은 유선 전화에 교직원 보호 통화연결음을 설정하고, 통화 녹음 기능이 적용된 전화기를 구축하기 위해 노력합니다.

② 학교장은 교직원 개인이 아닌 기관이 민원에 대응하는 체제로 개선하기 위해, 학교장 책임하에 단위 학교별로 민원대응팀을 구성하고 운영합니다. 학교의 장은 학교 민원 처리의 책임자로서 민원 처리 담당자를 보호하기 위해 노력해야 하며, 학교 내에 민원대응팀을 구성·운영하여 교사가 직접 민원을 응대하지 않도록 지원해야 합니다. (※ 각 기관별로 민원대응팀 운영 계획안을 작성하여 민원 대응이 시스템 안에서 작동할 수 있도록 하여 신속하고 공정하게 처리되도록 합니다.) [1]

③ 학교의 장은 학교 구성원 간에 갈등이 발생하지 않도록 예방해야 하며, 갈등이 발생된 경우 당사자 간 합의 등 원만한 조정 및 해결을 위해 노력해야 합니다. 다만, 학교 단위에서 갈등 해결이 어렵다고 판단되는 경우에는 상급기관에 협조를 요청할 수 있습니다. 학교의 장은 학교 차원에서 해결이 어렵다고 판단하는 경우 시교육청 민원기동대를 통해 해당 부서로 민원을 이관하여 처리하도록 합니다.

④ 학교의 장은 원활한 교육활동이 이루어지기 위하여 필요한 절차, 시설, 인력 등 제반 여건을 갖추도록 노력하여야 합니다.

---

[1] 〈학교 민원 응대 안내〉 자료 중 민원대응팀 운영 계획안 참고

2024학년도 민원대응팀 운영 계획(안)

Ⅰ.목적

1. 민원대응팀 운영을 통해 공정하고 적법한 민원 처리를 통해 구성원 권익 보호
2. 민원 응대 시 발생할 수 있는 민원인의 위법행위 등으로부터 교직원 보호

Ⅱ.방침

> "민원"이란 「민원처리법」 제2조(정의)를 따르며, 민원인이 유치원 및 각급 학교에 특정한 행위를 요구하는 것을 말함.

1. 원장 책임하에 민원대응팀 구성·운영
2. 유치원 상담실(보건실 겸용) 구축·운영
3. 유치원에서 해결하기 어려운 민원은 시교육청 민원기동대로 연결
4. 특이 민원 등은 공익적 차원에서 엄정 대응하고, 유치원의 정당한 교육활동을 침해하는 행위는 지역교권보호위원회 개최와 연계·처리

Ⅲ.세부 추친 계획

1. 민원대응팀 구성
   - 구성 : 원장, 원감, 행정실장, 교무부장, 연구부장
   - 역할 : 유치원 대표전화 민원 응대, 접수 민원의 분류와 배분, 민원 답변 처리, 교육(지원)청과 연계된 민원 처리

```
                    ┌──────────┐
                    │   원장   │
                    └────┬─────┘
                    ┌────┴─────┐
                    │   원감   │
                    └────┬─────┘
        ┌────────────────┼────────────────┐
   ┌────┴────┐     ┌────┴─────┐     ┌────┴────┐
   │ 교무부장 │     │ 행정실장 │     │ 연구부장 │
   └─────────┘     └──────────┘     └─────────┘
```

구분	역할	비고
원장	민원 처리 책임 총괄	
원감	특이(악성) 민원 처리 및 민원 대응 과정 관리 교무·학사 관련 민원 처리	
행정실장	시설, 회계 관련 민원 처리	
교무부장, 연구부장	유치원 민원 유형별 접수 및 민원대응팀 처리 과정 참여	

2. 민원 접수 및 유형별 처리 방법

일반 민원 접수	①-1 단순 요청	·단순 요청 직접 처리
	①-2 협조 민원	·담당 교직원 협조 처리
유치원 민원대응팀	② 관리자 대응 민원	·원장 책임하에 처리
	③ 상급기관 대응 민원	·시교육청 민원기동대를 통해 이관

가. 단순 요청·협조 민원 : 직접 처리 또는 협조 처리

나. 관리자 대응 민원 : 원장의 책임하에 민원대응팀에서 처리

다. 상급기관 대응 민원 : 민원기동대를 통해 해당 부서로 민원 이관

    1) 이해관계가 복잡하고 해결에 상당한 시간이 소요되며 교육활동 침해 가능
성이 높은 경우

    2) 관리자 또는 유치원 차원에서 해결이 어렵다고 판단되는 경우

    ※ 이관 절차 : 학교에서 민원 이관 전에 시교육청 민원기동대(☎1533-3232)
와 사전 협의를 거친 후 〈특이민원 발생 보고서〉를 민원기동대로 송부

Ⅳ. 민원 법적 대응

1. 절차

대응·조사 요청	학교장 대응·조사	법률 지원 요청 (교육청 및 관할기관 등)	법적 조치 추진 (교육청 및 관할기관)
학교장에게 특이민원 대응·조사 요청	학교 차원의 특이민원 관련 피해 교직원 등의 진술 및 녹음·녹화 등 근거 자료를 토대로 조사 진행	학교 차원에서 대응이 어렵거나 법적 대응 필요한 특이민원에 대해서는 교육청 및 관할기관에 지원 요청	관할기관 차원에서 대응 (고소·고발 등 형사책임, 손해배상 등 민사책임)

2. 보고

〈특이민원 발생 보고서〉작성 후 교육청으로 지원 요청

Ⅴ. 기대 효과

1. 유치원 민원의 공정하고 적법한 처리를 통한 교육공동체 모두의 권익 보호

2. 민원 응대 과정에서의 교직원 보호 및 투명한 민원 처리 절차 확보

3. 원장 책임하 민원 처리 및 교육청과의 연계로 신속·공정·친절·적법한 민원 해결

특이민원 발생 보고서(양식)

발생 일자			부서			부서장		
특이민원 유형	폭언 (욕설 등)	협박	폭행	성희롱	기물 파손	위험물 소지	주취 소란	기타*
	○							
	* 무고, 허위사실 유포 등							
민원인			전화번호					
담당자			전화번호			담당 업무		
특이민원 발생 요지	※ 6하원칙에 따라 핵심 내용 위주로 간략하게 작성							
담당자 의견								
학교장 의견								
교육청 요청 사항								

※ 민원 처리 담당자가 학교장에게 제출(전자문서 등)

※ 학교장이 학교 차원에서 민원 해결이 어렵다고 판단하는 경우에는 시교육청 민원기동대로 이관하여 처리

민원에 대응하는
교육기관의 준비

피해 교직원 보호를 위한 제반 환경 마련

　교육기관에서는 민원 발생 후 후속 처리를 위한 제반 환경을 준비하여 민원 제기로 발생되는 여러 가지 문제점을 해결하고 수습할 수 있도록 해야 합니다. 구체적인 내용은 아래와 같습니다.

---

　① 휴게 시간 제공
・학교장은 교직원이 폭언, 반복 등 특이민원으로 인하여 심적 고충이 클 경우에는 60분 이내의 범위에서 휴게 시간을 부여(직원이 신체적·심리적 안정이 필요하다고 학교장이 판단하는 경우 등)
・교직원은 특이민원인과의 통화가 30분 이상 지속되거나 면담 시간이 1시간 이상 지속되는 경우에는 응대를 정중하게 종료할 수 있으며, 학교장은 15분 내외의 짧은 휴게 시간 부여 가능

---

② 휴식 공간 서비스 제공

　　학교는 특이민원으로 인해 피해를 입은 교직원의 온전한 휴식 기회 부여를 위해 민원 면담실과 인접하거나 이용하기 편리한 장소에 독립적인 휴식 공간을 마련하거나 기존 공간을 활용하여 제공

③ 피해 교직원 보호

· 피해 교직원을 민원인과 분리, 안전한 곳에서 진정시키는 등 보호조치 강구(업무를 중단시키고 피해 교직원에게 휴식 시간 제공 및 근무 위치 변경)

· 교직원이 특이민원으로 교육활동에 침해를 받은 경우 등에는 교육활동보호센터의 심리상담 및 치료 지원 연계

· 민원인이 교직원의 정당한 응대에 불만을 가지고 신고 등으로 불이익 처분을 요구 시 기관 차원(교육청 감사관 등)에서 사실 확인 후, 정당한 민원 처리에 대해서 교직원에게 불이익 조치 금지

출처 : 교육부, 인천광역시교육청(2024)에서 제시한 학교 민원 응대 안내 자료

학부모 민원으로 인한 교육활동 피해 침해 교원 보호조치

　　기관에서는 학부모 민원으로 인해 교육활동 피해 침해를 당한 교원을 보호하기 위해 신속한 조치를 취해야 합니다. 피해 교원의 치유와 교권 회복에 필요한 사항을 아래와 같이 시행해야 합니다.

보호조치의 유형

관할청과 학교장은 교육활동 중인 교원이 특이민원으로 인한 교육활동 침해 행위를 알게 된 경우에는 즉시 피해 교원의 치유와 교권 회복에 필요한 조치를 시행하여야 함.

① 심리상담 및 조언

특이민원 등 교육활동 침해 행위로 인하여 정신적 피해를 입은 교원은 교육활동보호센터에서 심리상담을 받을 수 있으며, 필요한 경우 전문 상담기관이나 정신건강의학과로 연계하여 심리상담 및 정신과 치료 지원

② 특별휴가

특이민원 등 교육활동 침해 행위로 피해를 입은 교원은 교육부장관이 정하는 바에 따라 특별휴가 사용 가능

「교원지위법」

제23조(특별휴가) 피해교원은 교육부장관이 정하는 바에 따라 특별휴가를 사용할 수 있다.

「교원휴가에 관한 예규」

제8조(특별휴가) ①소속기관(학교 등)의 장은 「교원의 지위 향상 및 교육활동 보호를 위한 특별법」 제19조에 따른 교육활동 침해의 피해를 받은 교원에 대해서는 피해 교원의 회복을 지원하기 위해 5일의 범위에서 특별휴가를 부여할 수 있다.

③ 치료 및 치료를 위한 요양

  · 공무상 병가

    – 특이민원 등 교육활동 침해 행위로 인한 연 6일 이내의 단순 안정만을 요
      하는 경미한 질병·부상 여부를 판단하여 공무상 병가 승인 가능

    – 교원은 공무상 질병 또는 부상으로 요양이 필요한 경우에는 공무원연금
      공단에 공무상 요양을 신청할 수 있고, 학교장은 공무원연금공단의 요양
      승인에 따라 연 180일의 범위에서 공무상 병가 승인 가능

  · 공무상 요양 승인

    – 특이민원 등 교육활동 침해 행위로 인한 공무상 부상 또는 질병을 입었
      을 경우 공무원 재해보상심의회의 심의를 거쳐 요양급여 지급

[참고] 기간제 교원 및 사립학교 교원의 경우

공무원이 아닌 기간제 교원이 교육활동 침해 행위로 인하여 부상을 당하거나 질병
에 걸린 경우에는 업무상 재해에 해당하여 산업재해보상보험법에 따라 요양급여를
지급받을 수 있다. (「산업재해보상보험법」 제40조 제1항)

사립학교 교원이 교육활동 침해 행위로 인하여 부상을 당하거나 질병에 걸린 경우
에는 사립 학교교직원 연금법에 따라 요양급여를 받을 수 있다. (「사립학교교직원 연금
법」 제33조)

④ 법적 분쟁 지원

  특이민원이 교육활동 침해로 이어져 법적 분쟁이 발생하는 경우 등에 교원보
  호공제를 통해 교원 보호

⑤ 전보 조치

　학교장은 교육활동 침해 행위로 피해를 입은 교원이 희망하는 경우 교육(지원)청에서 정한 전보의 절차와 요건에 따라 전보 요청 가능

출처 : 교육부, 인천광역시교육청(2024)에서 제시한 학교 민원 응대 안내 자료

사례별 민원 내용

    교육부와 인천광역시교육청(2024)에서 제시한 〈학교 민원 응대 안내 자료〉 중 유치원 현장에서 경험할 수 있는 다양한 민원 응대 요령을 활용하면 교육 현장에 큰 도움이 될 것입니다. 민원 내용으로 반복 민원, 부당한 요구, 폭언 및 협박, 사생활 침해, 교육활동과 무관한 요구, 성희롱, 기물 및 자료 훼손 등의 사례를 제시하였는데 구체적인 내용은 아래와 같습니다.

사례별 민원 사례

구분	사례
반복 민원	보호자에게 초등학교 행사 참석 안내 시 주차 공간 부족으로 대중교통 이용을 권장하고 초등학교 인근은 어린이보호구역으로 과태료가 부과될 수 있음을 안내하였으나, 보호자가 불법 주정차 후 부과된 과태료를 담임교사에게 대신 납부하라며 수시로 연락
부당한 요구	· 자녀의 컨디션 및 고가 의류 착용 등을 이유로 유치원의 실외 학습(바깥놀이 등)을 일괄적으로 하지 않을 것을 요구 · 자녀의 학교생활기록부에 작성된 내용을 임의로 수정할 것을 요구

폭언 및 협박	학교폭력 사안 처리를 위해 보호자와 상담 중, 아동학대와 관련한 법 조항을 문 자로 보내면서 "이거 아시죠? 선생님"과 같이 협박
사생활 침해	교직원의 개인 연락처 공개 요구에 응하지 않자, 주변에 수소문하여 연락처를 알아내 개별 연락
교육활동과 무관한 요구	학부모의 단체대화방에서 일어난 분쟁을 교직원에게 해결할 것을 요구
장시간 면담 (통화) 등	충분히 답변하였음에도 동일한 내용을 반복적으로 요청하며 면담(통화)을 종료 하지 않거나, 지속적으로 퇴근 시간 직전에 방문 면담(통화)하여 한 시간 이상 응 대 요구
성희롱 등	· 교직원의 몸매 등을 지적하며 개선 요구 · 손이나 머리카락 등을 쓰다듬음.
기물 및 자료 훼손	면담 과정에서 화가 난 학부모가 교원이 가지고 있던 학교생활기록부 사본과 수행평가 결과물을 찢음.

출처 : 교육부, 인천광역시교육청(2024)에서 제시한 〈학교 민원 응대 안내 자료〉

사례별 민원 대응 매뉴얼

사례 1. 전화 폭언(욕설, 협박 등)

1-1 전화 폭언(욕설, 협박 등)

1단계 〈진정 요청 후 즉시 녹음〉	**진정 요청 후 즉시 녹음 실시** • 폭언을 계속하시면 정상적인 상담이 어렵습니다. 화가 나시겠지만 마음을 가라앉히시고 차분히 말씀해 주셔야 도움을 드릴 수 있습니다.(녹음 실시) ※ 현장 상황을 고려하여 사전 고지 후 녹음 가능 • (폭언 중지 시) 정상 응대

▼

2단계 〈통화 종료〉	**【폭언 등 지속 시】통화 곤란 안내 및 법적 조치 경고 후 통화 종료** • 더 이상 상담이 어려울 것 같습니다. 폭언을 계속하시면 관련 법령에 따라 처벌받을 수 있습니다. 통화를 종료하겠습니다.

▼

• 동일 민원인과 재통화 시 : 민원인이 사과 여지가 있는 경우 정상 응대하고, 폭언을 지속할 경우 통화 종료 후 관리자 연결

대응 요령
• 담당자 : 학부모님, 죄송하지만 관리자를 통해 전화주신 번호로 연락을 취할 수 있도록 하겠습니다. 통화 종료하겠습니다.
• 관리자 : 안녕하세요. 저는 ○○중학교 교감 ○○○입니다.(이후 민원인의 불만 사항 등을 파악하고 폭언에 대한 경고 조치) 학부모님께서 요청하신 사항에 대해서는 개선할 수 있도록 조치하겠습니다. 다만, 저희 교직원에게 하신 욕설(협박)은 관련 법령에 따라 처벌받을 수 있으니 삼가해 주시기 바랍니다.

	※ 관리자 응대 시에도 폭언을 지속할 경우 1단계부터 적용

3단계 〈상황 보고〉	**【상황 종료 후】관리자에게 보고, 관리자는 피해 교사·교직원 면담 및 상태 판단** (휴식 조치 등) • 담당자는 특이민원 발생보고서 작성 및 관리자에게 보고 　※ 상황에 따라 구두 보고 후 특이민원 발생보고서 작성 • 특이민원으로 인하여 심적 고충이 클 경우에는 충분한 휴식(병 조퇴, 병가 등)을 취할 수 있도록 함.

▼

4단계 〈학교 대응〉	**사안의 경중을 고려하여 관리자가 법적 조치 관련 협의 등** • 녹음 파일 청취 및 상황 파악, 특이민원 발생보고서 검토 • 고소, 고발 등 법적 조치 사항 등에 대해 교육청과 협의 • 그 외 필요하다고 판단하는 사항
핵심 대응 요령	지속적인 전화 폭언 시 → 통화 종료 및 후속 조치(법적 조치 등)를 통한 경각심 부여

<유의 사항>
- **특이민원 대응 시**
  ① 침착하고, 정중한 민원 응대 유지
  ② 법령 및 규정에 근거한 원칙에 따른 대응
  ③ 위법행위 등에 대한 구체적 입증을 위한 증거 자료 확보
- **민원인이 폭언을 지속하더라도 감정적 맞대응 금지, 조언과 충고 또는 언쟁은 피하고 사실과 법적 근거에 기반하여 응대**

【 참고(미국 정부 사례) 】
- 특이민원 관련 민원인이 제시한 정보에 대해 건전한 비판의식을 가지고 BIFF* 방법으로 대응
* Brief(짧게), Information(정보 위주), Friendly(친근하게), Firm(확고하게)

출처 : 교육부, 인천광역시교육청(2024)에서 제시한 〈학교 민원 응대 안내 자료〉

사례 2 정당한 사유 없는 장시간 통화 및 반복 전화

1-4 정당한 사유 없는 장시간 통화

- **정당한 사유 없는 장시간 통화**(30분 이상)

1단계 〈장시간 전화 상담 곤란 안내 등〉	**【20분 이상 통화】장시간 전화 상담 곤란 안내 및 용건 위주 질문 유도** • 학부모님, 학교에서 제가 맡은 다른 업무 처리를 위해 많은 시간을 할애해 드릴 수 없는 점을 양해해 주시면 감사하겠습니다.

2단계 〈통화 종료〉	**【30분 이상 통화】 통화 지속 곤란 안내 후 종료** • 학부모님, 죄송하지만 제가 맡은 다른 업무 처리를 위해 통화를 종료하오니 양해하여 주시기 바랍니다. 후에 제가 내용 파악 후 다시 연락드리거나 담당자가 연락드릴 수 있도록 하겠습니다.

■ **반복 전화** : 전화 통화로 정당한 행정처분에 불복하며 동일 내용의 민원을 3회 이상 제기하는 경우

통화 곤란 안내 후 상담 종료	**통화 곤란 안내 후 상담 종료** • 학부모님, 말씀하신 민원은 현재 처리 중에 있습니다. 동일한 답변 외에는 도움을 드릴 수 없으므로 통화를 종료하오니 양해하여 주시기 바랍니다.
핵심 대응 요령	장시간 전화 상담 등 곤란 안내 및 용건 위주의 질문 유도

출처 : 교육부, 인천광역시교육청(2024)에서 제시한 〈학교 민원 응대 안내 자료〉

사례 3. 대면 폭언(욕설, 협박 등)

2-1 폭언(욕설, 협박 등)

1단계 〈진정 및 관리자 도움 요청, 필요시 녹화 실시〉	**진정 요청 및 관리자에게 도움 요청** • 학부모님 화가 나시겠지만, 차분하게 말씀해 주시면 감사하겠습니다. 폭언을 하시면 정상적인 상담이 어렵습니다. 폭언을 중단해 주십시오. • (진정 요청 후) 즉시 관리자에게 도움을 요청 ※ 현장 상황을 고려하여 사전 고지 후 녹화 가능 • (폭언 중지 시) 정상 응대

2단계
〈민원대응팀
대응〉
	민원대응팀 업무분장에 따라 신속히 행동
	• 민원대응팀 역할 수행
	  ※ 비상 대응과 동시에 관리자 등이 경고 멘트 실시 및 적극 개입하여
	    추가 피해 방지
	• (폭언 등 지속 시) 경찰 신고 또는 퇴거 조치*(불응 시 경찰 신고)
	  * 퇴거 조치는 멘트로만 통보하고 신체 접촉이 발생하지 않도록 유의

〈민원대응팀 대응 요령(예시)〉 • 관리자 : 민원인 진정 및 경고, 퇴거 조치   학부모님, 공포심이나 불안감을 조성하는 말씀과 욕설을 계속하시면 위법행위로 관련 법률에 저촉될 수 있습니다.

70

◦ 폭언 등을 지속할 경우
- 경찰 신고 시 : 경찰에 신고하겠습니다. 경찰이 도착하기 전까지 민원 응대를 중단하 겠습니다.
- 퇴거 조치 시 : 폭언 등을 계속하셨기 때문에 민원 응대가 어렵습니다. 면담실에서 나 가 주시기 바랍니다. 퇴거에 불응하시면 관련 법령에 따라 처벌받을 수 있습니다.

• 동료1~2 : 관리자 지원
• 동료3 : 녹화·녹음 실시 ※ 휴대용 보호장비가 없는 경우 스마트폰 등 활용
• 동료4 : 경찰 신고 및 주변에 도움 요청

▼

3단계 〈상황 보고〉	**【상황 종료 후】 관리자에게 보고, 관리자는 피해 교사·교직원 면담 및 상태 판단** (휴식 조치 등) • 담당자는 특이민원 발생보고서 작성 및 관리자에게 보고 　※ 상황에 따라 구두 보고 후 특이민원 발생보고서 작성 • 특이민원으로 인하여 심적 고충이 클 경우에는 충분한 휴식(병 조퇴, 병가 등)을 취할 수 있도록 함.

▼

4단계 〈학교 대응〉	**사안의 경중을 고려하여 관리자가 법적 조치 관련 협의 등** • 녹음 파일 청취 및 상황 파악, 특이민원 발생보고서 검토 • 고소, 고발 등 법적 조치 사항 등에 대해 교육청과 협의 • 그 외 필요하다고 판단하는 사항
핵심 대응 요령	학교 차원에서 2차 돌발폭력 방지 및 후속 조치(경찰 신고, 법적 조치 등)를 통한 경각심 부여

<유의 사항>
• **민원대응팀 대응 시 민원인과의 신체 접촉이 발생하지 않도록 주의**
　민원인과의 사소한 신체 접촉이 발생할 경우 민원인으로부터 폭행죄로 고소를 당할 수 있으므로 민원인 응대 시에는 신체 접촉이 발생하지 않도록 각별히 유의

• **민원인의 위법행위**(폭언·폭행·성희롱 등)로 **인해 정당한 직무 수행 과정에서 민원인과 민원 처리 담당자 간 법적 분쟁 발생 시**
　교육지원청 통합민원팀과 협의하여 대응, 관할 수사기관 또는 법원에 증거물·증거서 류 제출 지원 등을 통합민원팀에서 안내 및 협조하여 처리

• **학교에서 관리하는 휴대용 보호장비**(웨어러블캠 등)가 **아닌 개인 소지 스마트폰 등을 활 용하여 촬영 등을 할 경우**
　각 기관에서 수립한 관련 규정을 준용하여 영상·음성 파일을 철저히 관리

출처 : 교육부, 인천광역시교육청(2024)에서 제시한 〈학교 민원 응대 안내 자료〉

사례 4. 성희롱

2-2 성희롱

1단계 〈녹화(녹음)· 법적 조치 경고〉	녹화(녹음) 실시 후 성희롱 지속 시 관련 법령에 따라 처벌받을 수 있음을 경고 • 방금 하신 말씀은 성희롱에 해당될 수 있으니 말씀을 삼가해 주십시오. 성희롱을 지속하실 경우에 관련 법령에 따라서 처벌받을 수 있습니다.(녹화·녹음실시) ※ 현장 상황을 고려하여 사전 고지 후 녹화·녹음 가능 • (성희롱 중지 시) 정상 응대

2단계 〈상담 종료〉	【성희롱 지속 시】상담 곤란 안내 후 면담 종료 • 학부모님 더 이상 상담이 어렵습니다. 면담을 종료하겠습니다.

3단계
〈관리자
대응〉
	【상담 종료 후 민원인이 퇴청하지 않고 민원 응대 요구 시】관리자가 민원인과 대화 시도 및 경고
	• 담당자와 민원인을 분리하고, 관리자가 민원 면담실이 아닌 별도 공간(교장실 등)으로 교직원(1~2명)과 함께 민원인을 안내하여 응대 및 경고 조치
	• 관리자 응대 시
	- 안녕하세요. 저는 ○○고등학교 교장 ○○○입니다. 학부모님과 담당자 간의 감정이 좀 격해진 것 같아 제가 대신 면담을 진행하도록 하겠습니다. 원활한 면담을 위해 별도 공간으로 안내하겠습니다.
	- (이후 민원인의 불만 사항 등을 파악하고 성희롱에 대한 경고 조치) 학부모님께서 요청하신 사항에 대해서는 개선할 수 있도록 조치하겠습니다. 다만, 민원 면담 시 성희롱적 언행은 삼가해 주시기 바랍니다.
	  ※ 특별 상황에 대비하여 민원인 주의 관찰 및 녹화 등을 위한 휴대용 보호장비 준비
	• (상황이 진정되지 않고 폭언 등으로 이어질 경우) 경찰 신고 또는 퇴거 조치*(불응 시 경찰 신고)
	  * 퇴거 조치는 멘트로만 통보하고 신체접촉이 발생하지 않도록 유의

4단계 〈상황 보고〉	【상황 종료 후】관리자에게 보고, 관리자는 피해 교직원 면담 및 상태 판단(휴식 조치 등) • 담당자는 특이민원 발생보고서 작성 및 관리자에게 보고 ※ 상황에 따라 구두 보고 후 특이민원 발생보고서 작성 • 특이민원으로 인하여 심적 고충이 클 경우에는 충분한 휴식(병 조퇴, 병가 등)을 취할 수 있도록 함.

5단계 〈학교 대응〉	**사안의 경중을 고려하여 관리자가 법적 조치 관련 협의 등** • 녹음 파일 청취 및 상황 파악, 특이민원 발생보고서 검토 • 고소, 고발 등 법적 조치 사항 등에 대해 교육청과 협의 • 그 외 필요하다고 판단하는 사항
핵심 대응 요령	교직원 보호를 위해 상담 종료 후 관리자 적극 개입

> <유의 사항>
> • 성희롱은 당사자에게 심한 모욕감과 수치심을 주므로 상황 발생 시 주변 동료들의 적극적인 도움 필요
> • 성희롱 등 위법행위 발생 시 관리자가 응대하는 경우 새로운 사람의 등장이 민원인을 자극하지 않도록 본인의 신분(소속, 직급, 성명 등)을 언급하고, 민원인과의 신체적 접촉이 발생하지 않도록 주의하며 별도 상담 장소(교장실 등) 안내

출처: 교육부, 인천광역시교육청(2024)에서 제시한 〈학교 민원 응대 안내 자료〉

사례 5. 폭력

2-3 폭력

1단계 〈진정 및 동료 직원 도움 요청, 필요시 녹화 실시〉	**【폭력 발생 징후가 보이거나 임박 시】 진정 요청 후 즉시 관리자에게 도움 요청, 필요시 휴대용 보호장비 녹화 실시** • 학부모님 차분히 설명해 주십시오. • (진정 요청 후) 즉시 관리자에게 도움을 요청 ※ 관리자와 교직원이 함께 민원인을 진정시키며 착석 유도 및 생수 등 제공(뜨거운 음료, 병에 든 음료 등은 제공 금지) • 필요시 휴대용 보호장비(웨어러블캠)로 녹화를 실시함으로써 민원인에게 사전 경고 등 실시 ※ 현장 상황을 고려하여 사전 고지 후 녹화 가능 ※ 진정되지 않고 폭력 발생이 예상되는 경우 즉시 경찰 신고

▼

2단계 〈민원대응팀 대응〉	**【폭력 발생 시】 민원대응팀 업무분장에 따라 신속히 행동** • 민원대응팀 역할 수행 ※ 비상 대응과 동시에 관리자 등이 경고 멘트 실시 및 적극 개입하여 추가 피해 방지

▼

〈민원대응팀 대응 요령(예시)〉
• 동료 1 : 관리자 호출 및 경찰 신고
• 동료 2 : 피해 교사·교직원 상태 확인(응급조치), 피해 상태를 고려하여 119 신고
• 관리자 : 민원인 제지 및 경고
  - 학부모님, 방금 하신 행동은 「형법」 제260조에 의한 폭행죄에 해당됩니다. 경찰에 신고하겠습니다.
  ※ 단호하지만 정중하게 법적 근거를 말하고 경찰 신고 등 법적 대응 고지
  - (경찰이 도착할 때까지 관리자가 적극 개입하여 추가 피해 방지) 학부모님, 진정하시고 원하는 사항을 차분히 말씀해 주셔야 도움을 드릴 수 있습니다.
• 동료 3~4 : 관리자 지원
• 동료 5 : 녹화 실시 ※ 휴대용 보호장비가 없는 경우 스마트폰 등 활용

3단계 〈상황 보고〉	**【상황 종료 후】관리자에게 보고, 관리자는 피해 교직원 면담 및 상태 판단(휴식 조치 등)** • 담당자는 특이민원 발생보고서 작성 및 관리자에게 보고 　※ 상황에 따라 구두 보고 후 특이민원 발생보고서 작성 • 특이민원으로 인하여 심적 고충이 클 경우에는 충분한 휴식(병조퇴, 병가 등)을 취할 수 있도록 함.

4단계 〈학교 대응〉	**사안의 경중을 고려하여 관리자가 법적 조치 관련 협의 등** • 녹음 파일 청취 및 상황 파악, 특이민원 발생보고서 검토 • 고소, 고발 등 법적 조치 사항 등에 대해 교육청과 협의 • 그 외 필요하다고 판단하는 사항
핵심 대응 요령	민원대응팀이 신속히 대응하여 민원 담당자 분리, 경찰 신고로 피해 최소화

<유의 사항>
• 폭행 발생 징후가 보이는 경우 관리자에게 즉시 도움을 요청해 피해 발생 사전 예방
• 평소 민원대응팀 모의훈련 등을 통해 개인별 역할을 사전 숙지하고, 폭행 발생 시 신속한 민원대응팀 개입을 통해 민원인을 진정·제지시켜 추가 피해 예방

출처 : 교육부, 인천광역시교육청(2024)에서 제시한 〈학교 민원 응대 안내 자료〉

4장

교육활동 보호를 위한 법과 제도 제대로 알기

교권과
교육활동 보호권

서이초 선생님 사건은 정말 충격이었어요. 제가 경험한 학부모 민원 스트레스를 생각하면 어느 정도 이해도 되면서 마음이 너무 힘들어요. 매스컴에서 계속 교권 회복을 이야기하는데 저희들은 정작 교권 회복이 무엇을 회복한다는 것인지, 어떻게 회복한다는 것인지 와닿지가 않아요. 현장에서는 하나도 변한 게 없는데 우리들의 교권이 실제로 제대로 인정받고 있기는 하는 건가요?

2023. 12. 사립유치원 교사 A

최근 교직 사회의 최대 이슈는 '교권 추락', '교권 침해'입니다. A 교사의 인터뷰처럼 교사들은 많은 업무와 다양한 학부모 민원에 시달리며 본인이 교사로서 직업적으로나 인격적으로 존중받지 못하고 있다고 생각하고 있었습니다. 교권은 '교사로서 지니는 권위나 권리'를 의미합니다. 교사의 권위는 교육 전문가로서 교육 당사자로부터 신뢰와 존경으로 대우받는 것을 의미하며, 교사의 권리는 교사라는 위치에 합법적으로 부여된 교육권, 신분·지위 보장권, 국민 기본권을 포함하는 것으로 정의할 수 있습니다. 다시 말해서 교권은 교사의 교육활동에 따른 법과 제도적 근거를 갖는 제반 권리이며, 교사가 사회적 책임과 역할을 수행하는 데 부당한 간섭을 받지 않고 안정적인 교육활동을 수행할 수 있도록 필요한 제반 복지를 제공받으며, 사회·신분상 보장받을 수 있는 조건을 주장할 수 있는 권리를 말합니다.

교권의 내용을 좀 더 구체적으로 설명하면 다음과 같이 정리할 수 있습니다(강명숙, 2010).

① 교육할 권리

　　교사의 학생 학습권을 보장하기 위한 교사의 교육과정 편성권, 교육 내용 결정권, 교육 방법 결정권, 평가권, 학생 지도 및 징계권이 포함된 교육할 권리

② 전문직 종사자로서의 권리

　　전문직 종사자로서 법률을 통하여 신분 보장, 쟁송 제기권, 교원 단체 및 노동조합 활동권 등의 전문직 종사자의 권리

③ 인간으로서의 권리

　　교사이기 이전에 한 인간으로서 인격권, 신체의 자유, 양심의 자유, 표현의 자유를 추구하는 인권을 의미

교권 침해란 '교사의 권리를 침범하여 해를 가한다'는 뜻으로서 광범위하게 사용되었으나 2016년 「교원의 지위 향상 및 교육활동 보호를 위한 특별법」에서 '교권 침해' 용어 대신 '교육활동 침해'라고 명명하였습니다. 교권을 강조하며 교권 보호를 주장할수록 '학생의 권리'가 무시당한다는 오해를 풀기 위해 교권 대신 '교육활동 보호권', 교권 침해 대신 '교육활동 침해'로 용어가 수정되었습니다. 교권은 강압적이고 부정적인 의미로 상징되는 권위가 아닌 교육활동이라는 정당한 목적을 달성하기 위한 수단이며, 절대 침해받지 않아야 할 권리입니다.

교육활동 보호를 위한
법과 제도 살펴보기

아이가 교실에서 혼자 뛰어가다가 자기 발에 걸려서 넘어졌는데 팔이 골절되었어
요. 그런데 학부모가 아이 혼자 넘어진 것이 이해되지 않는다면서 CCTV 확인을 요
청하였고, 그 과정에서 교사의 관리감독 소홀을 주장하며 보상금을 요구하였어요.
이러한 취급을 받으면서 교직 생활을 계속해야 하나 회의가 들고 너무 큰 스트레
스로 견디기가 힘들어요. 저와 같은 교사를 위한 보호 체계가 꼭 필요하다고 생각
해요.

2023.12. 사립유치원 교사 C

　학부모 민원과 그에 따른 소송 그리고 교권 침해는 교사의 몸과 마음을 힘들게 합
니다. 교사의 목소리만 높아져도 정서학대라는 또 다른 이름으로 신고를 당합니다.
학부모가 교사에게 행하는 교육활동 침해가 나날이 늘고 있지만 많은 교사들이 이러
한 문제에 제대로 대응하지 못하고 있습니다.
　각종 민원과 소송을 피할 수 있다면 사전에 예방해야 하지만, 그럴 수 없는 상황이
라면 철저하게 대비하여 대응해야 합니다. 또한 교권 침해 문제를 실제로 맞닥뜨리
기 전에 자주 발생하는 교권 침해 문제를 살펴보고 이에 대응할 수 있는 기본적인 법

률 상식을 갖추는 것도 필요합니다.

교육활동 보호를 위한 법과 제도

　교권이란 교사의 교육활동에 따른 법과 제도적 근거를 갖는 제반 권리입니다. 즉 교사에게 부여된 사회적 책임과 역할을 수행함에 있어 부당한 간섭을 받지 않고 교육활동 수행에 필요한 복지를 제공받을 수 있으며, 사회·신분상으로 보장받을 수 있는 권리입니다. 유치원 교사의 교육권, 신분·지위권, 재산권, 노동 및 휴식에 관한 권리는 대한민국 「헌법」과 「교육기본법」, 「유아교육법」, 「국가공무원법」과 「교육공무원법」, 「사립학교법」, 「교원의 지위 향상 및 교육활동 보호를 위한 특별법」을 통해 보장하고 있습니다.

① 헌법 : 교육의 인적 기반인 교원의 지위에 관한 기본적인 사항을 국회에서 법률로 정하여 교사의 신분을 충실하게 보장하고 있다.

② 교육기본법 : 교원의 전문성과 경제적인 보수 및 사회적 지위 보장에 관하여 규정하고 있다.

③ 교육공무원법 : 직접적으로 교권을 언급하고 있으며, '교권'의 내용으로서 교원의 전문성과 신분 보장이 교권의 중요한 구성 요소임을 강조하고 있다.

④ 사립학교법 : 공·사립 교원의 동등한 신분 보장을 명시하고 있다.

⑤ 교원의 지위 향상 및 교육활동 보호를 위한 특별법 : 교원이 학생을 교육하고 지도할 때 국가, 지방자치단체는 교원의 전문성에서 기인하는 권위를 보장하기 위한 제도적 장치를 갖추도록 규정하고 있다.

교원지위법 살펴보기

　교권과 관련된 법령 중에서 교권 보호와 교권 침해에 관한 내용이 가장 구체적으로 규정되어 있는 법은 바로 「교원의 지위 향상 및 교육활동 보호를 위한 특별법(이하 교원지위법)」입니다. 1991년 최초로 제정되었으며 여러 차례 개정을 거쳐 2016년 오늘날의 「교원지위법」으로 개정되었습니다. 「교원지위법」에서는 교원이 사회적으로 존경받고 교육활동에 전념할 수 있도록 예우할 것을 명시하였고, 교원의 보수 우대와 교원의 불체포 특권을 명시하고 있습니다. 이러한 조항애 근거하여 교원의 신분을 보장하고 궁극적으로 교원의 지위를 향상시키고자 하는 것에 그 의미가 있습니다.

우리나라 법령에 명시되어 있는 교권과 관련된 법령 및 법 조문의 내용을 정리하면 아래와 같습니다. 교사의 지위 및 권리에 대한 법적인 근거에 대해 관심을 가지고 기본적인 법률 상식을 갖추는 것도 필요합니다.

교권 관련 법령

법령	관련된 법령의 조문
대한민국 헌법	제31조 제6항 학교교육 및 평생교육을 포함한 교육제도와 그 운영, 교육 재정 및 교원의 지위에 관한 기본적인 사항은 법률로 정한다.
교육기본법	제14조 제1항(교원) 학교교육에서 교원의 전문성은 존중되며, 교원의 경제적·사회적 지위는 우대되고 그 신분은 보장된다.
유아교육법	제3장 제21조 제4항 교사는 법령에서 정하는 바에 따라 해당 유치원의 유아를 교육한다.
교육공무원법	제43조 제1항(교원의 존중과 신분 보장) 교권은 존중되어야 하며, 교원은 그 전문적 지위나 신분에 영향을 미치는 부당한 간섭을 받지 아니한다.

사립학교법	제52조 사립학교 교원의 자격에 관하여는 국립학교·공립학교의 교원의 자격에 관한 규정에 따른다.
교원의 지위 향상 및 교육활동 보호를 위한 특별법	제2조 제2항(교원에 대한 예우) 국가, 지방자치단체, 그 밖의 공공단체는 교원이 학생에 대한 교육과 지도를 할 때 그 권위는 존중받을 수 있도록 특별히 배려하여야 한다.

출처 : 법제처 국가법령정보센터(https://www.law.go.kr)

유치원 교사의
법적 지위와 교권

유치원 교사도 초·중·고등학교 교사와 마찬가지로 교육권, 신분·지위권, 재산권, 노동 및 휴식에 관한 권리를 「교육기본법」, 「유아교육법」, 「교육공무원법」, 「사립학교법」, 「교원의 지위 향상 및 교육활동 보호를 위한 특별법」을 통해 법률로 명시하며 보장하고 있습니다.

① 교육권

학습자가 교육을 받을 권리가 실행될 수 있도록 교육 관련 법률 등에 근거하여 교원에게 부여하는 권리로서 교수·학습 활동을 자유롭게 결정하고 선택할 권리

※ 「유아교육법」 제21조의3 제1항(원장 등 교원의 유아생활지도) '원장 등 교원은 유아의 인권을 보호하고 교원의 교육활동과 돌봄활동을 위하여 필요한 경우에는 법령과 유치원규칙으로 정하는 바에 따라 유아를 지도할 수 있다.'

② 신분, 지위권

일반적인 복무, 사회적 지위를 보장받는 권리

※ 「교육기본법」 제14조 제1항 '학교교육에서 교원(敎員)의 전문성은 존중되며, 교원의 경제적·사회적 지위는 우대되고 그 신분은 보장된다.'

③ 재산권

자격, 경력, 직무에 따른 보수를 보장받으며, 직무 수행에 소요되는 경비를 실비로 변상받는 권리

※ 「교육기본법」 제14조(교원) 제6항 '교원의 임용·복무·보수 및 연금 등에 관하여 필요한 사항은 따로 법률로 정한다.'

※ 「교원의 지위 향상 및 교육활동 보호를 위한 특별법」 제3조 제2항, 「사립학교법」 제2조 '학교 법인과 사립학교 경영자는 그가 설치·경영하는 학교 교원의 보수를 국·공립학교 교원의 보수 수준으로 유지하여야 한다.'

④ 노동 및 휴식권

휴식, 연차, 병가 등을 사용하는 권리

※ 「교육공무원법」 제45조(휴직기간 등), 「사립학교법」 제55조(복무) '사립학교 교원의 복무에 관하여는 국립학교·공립학교 교원에 관한 규정을 준용한다.'

사립유치원의 경우 과거에는 원장의 영향력이 커 유치원 교사의 권리 유형에 따라 적절한 보장을 받지 못하는 경우가 많았으나 최근에는 국가에서 유아 학비가 지급되고, 공교육의 테두리 안에서 사립유치원에 대한 관리·감독이 강화되면서 사립유치원 교원의 다양한 권리 보장에 대한 필요성과 인식이 확대되고 있습니다. 정책의 진보와 더불어 교사의 다양한 권리가 법에 의해 보장받고 있는지 살펴볼 필요가 있습니다.

보육교사의
법적 지위와 교권

보육교사는 법적으로는 교원이 아닌 「근로기준법」상 근로자로서의 신분만 보장됩니다. 유치원 교사가 「교육법」, 「초·중등교육법」, 「사립학교법」, 「교육공무원법」 등에 따라 공·사립에 관계없이 법적으로 동일한 교권을 보장받을 수 있는 반면, 보육교사는 권리의 보장보다는 강도 높은 수준의 법적 의무를 이행해야 하는 현실이 실정입니다. 보육교사는 교사의 직무를 수행하지만 근로자의 신분이므로 직무와 관련한 전문성을 존중받고 보장하는 법적인 규정이 없기 때문입니다.

영유아의 질 높은 보육은 보육교사의 교권 존중과 보장이 이루어질 때 가능합니다. 보육교사의 교육적 의사 결정에 대한 법적 권리와 보호가 없는 환경에서는 양질의 보육과 교육이 이루어질 가능성이 낮습니다. 2015년부터 시작된 어린이집 CCTV 설치 의무화는 보육교사를 잠정적 아동학대자로 보고 감시를 통해 교사의 행동을 통제하려는 발상으로 이해될 수 있으며, 이는 교사의 노동자로서의 권리와 개인으로서의 초상권 및 인격적 침해를 야기한다는 비판을 받고 있습니다.

보육교사의 권리가 침해되어 교사에게 스트레스로 작용한다면 교사의 이직률이나 퇴직률을 높이는 원인이 되며, 이는 궁극적으로 보육교사의 업무 안정성을 떨어뜨려 보육의 질을 저하시키는 요인이 되기도 합니다. 따라서 보육교사의 교권은 영유아교육의 질 제고 및 유지를 위해 중요합니다. 또한 보육교사의 권리가 보장되고 의무를 수행하기 위해서는 권리의 주체인 보육교사 스스로 자신의 권리와 의무에 대해 이해하고 정확히 인식하는 노력도 반드시 필요합니다.

교육활동 침해 행위
알아보기

유아 A가 교실에서 또래 친구에게 맞았다며 A의 학부모가 CCTV 확인을 요청하였
어요. CCTV에는 맞는 장면이 나오지 않았으나 A의 학부모는 이를 믿지 못하며 지
속적으로 찾아와 2~3시간씩 저를 힘들게 했습니다. 처음에는 학부모의 이야기를
들어 주고 달래며 설득했으나 지속적으로 힘들게 해서 "CCTV에는 A가 맞는 장면이
없어요."라고 이야기하자 A의 학부모는 "CCTV 사각지대에서 일어난 일인데 교사가
제대로 돌보지 못해서 일어난 일 아닌가요?"라며 저를 탓했고, 이러한 대화 내용을
몰래 녹음하여 유출하고, 녹음된 내용을 맘카페에 올려 유치원 이름과 교사의 신원
을 유출하였습니다. 이러한 경우 교권 침해가 맞나요?

2023. 12. 공립유치원 교사 P

법의 테두리 안에 교사가 보호받고 있다는 인식이 사회 전반으로 확산되어야 합니
다. 그래야 실질적인 보호와 존중의 대상으로 교사가 사명감과 자부심을 가지고 유
아를 교육하고 돌볼 수 있는 환경이 만들어질 수 있습니다. 교권 보호 및 교권 침해
관한 내용이 가장 구체적으로 규정되어 있는 법은 「교원지위법」입니다.
　「교원지위법」에 따르면 학교장(유치원장)은 소속 기관의 학생 또는 그 보호자 등이

교육활동 중인 교원에 대해 교육활동 침해 행위를 한 사실을 알게 된 경우 즉시 피해 교원의 치유와 교권 회복에 필요한 조치를 하여야 한다고 명시되어 있습니다.

> **교원지위법**
> 제20조(피해교원에 대한 보호조치 등) ① 고등학교 이하 각급 학교의 장은 교육활동 침해 행위 사실을 알게 된 경우에는 즉시 교육활동 침해 행위로 피해를 입은 교원의 치유 와 교권 회복에 필요한 조치(이하 "보호조치"라 한다)를 하여야 한다.

'교권 침해'의 정확한 용어는 '교육활동 침해 행위'입니다. 교육활동 침해의 개 념은 '정상적인 교육활동을 위한 교원의 교육권이 교육행정기관, 학교 관리자, 동료 교원, 학생, 학부모, 지역 주민, 언론 등에 의해 부당하게 간섭받거나 침해되는 현상' 으로 정의 내릴 수 있습니다(교육부, 2017). 위에 제시된 P 교사 사례는 「교원지위법」 제19조 교육활동 침해행위 중 '「정보통신망 이용촉진 및 정보보호 등에 관한 법률」 제44조의7 제1항에 따른 불법정보 유통 행위'에 해당합니다.

「교원지위법」 제19조(교육활동 침해행위)에서는 교육활동 침해 행위를 다음과 같이 규정하고 있습니다. 교육활동 침해 행위의 주체인 소속 학교의 학생 또는 그 보호자 등이 교육활동 중인 교원에 대하여 교육활동을 침해하는 행위는 ①공무방해에 관한 죄, 무고의 죄, 상해와 폭행의 죄, 협박의 죄, 명예에 관한 죄, 업무방해. 손괴의 죄에 해당하는 범죄 행위, ②성폭력범죄 행위(「성폭력범죄의 처벌 등에 관한 특례법」 제2조 제1항), ③불법정보 유통 행위(「정보통신망 이용촉진 및 정보보호 등에 관한 법률」 제44조의7 제1항), ④ 그 밖에 다른 법률에서 형사처벌 대상으로 규정한 범죄 행위로서 교원의 교육활동을 침해하는 행위로 규정하고 있습니다.

다음은 인천광역시교육청에서 출간한 〈2024 교육활동보호 매뉴얼〉의 '교육활동 침해 유형' 내용을 재구성해 보았습니다.

침해 행위 유형 1. 「형법」상 상해·폭행죄, 협박죄, 명예에 관한 죄, 손괴의 죄에 해당하는 범죄

① 상해

·개념 : 사람의 신체에 대해 직접적·간접적인 힘을 행사하여 다치게 하거나 정
        상적인 신체 기능에 장애를 일으키는 행위를 말함.

· 교육활동 침해 행위로 문제가 될 수 있는 사례

– 손으로 교원의 뺨을 때려 고막이 찢어진 경우

– 책상 또는 의자를 밀쳐 교원에게 타박상이나 골절상을 입게 한 경우

– 교사에게 설사약을 몰래 먹여 배탈을 유발한 경우

② 폭행

·개념 : 타인의 신체에 대한 일체의 불법적인 유형력의 행사를 말함. 신체에 직
        접적인 접촉을 하여 힘을 행사하는 것은 물론이며, 몸을 향해 물건을 던
        져 신체를 폭행하거나 신체에 직접 접촉하지 않더라도 때리려고 거동하
        는 경우와 같이 간접적으로 힘을 행사하는 경우에도 성립

·교육활동 침해 행위로 문제가 될 수 있는 사례

– 교원의 신체를 직접 때리거나 밀치거나 잡아당기는 경우

– 멱살을 잡거나 뺨을 때리는 경우

– 직접 접촉하지 않더라도 팔이나 다리를 휘둘러 때리려고 하는 경우

– 사람의 신체를 향해 물건을 던지는 경우

③ 협박

·개념 : 사람에게 구체적으로 해(해악)를 끼칠 것을 알려 공포심을 일으키는 행
        위를 말함. 다만, 실제로 위협의 내용이 발생 가능할 수 있다고 생각될
        정도로 구체적인 해악의 고지가 있어야 함. 언어는 물론 행동(거동)을 통
        한 협박이 가능하며, 교원에게 공포심을 일으키기 위하여 제3자에게 해
        악을 끼칠 것을 알려 공포심을 일으키는 행위도 포함.

·교육활동 침해 행위로 문제가 될 수 있는 사례

– 교원에게 집주소를 알고 있으니 퇴근길에 쫓아가 죽여 버리겠다고 소리치는
  경우

– 교원의 가족 등 제3자를 해코지하겠다는 문자를 휴대전화로 전송하는 경우

– 교사의 지도에 아무런 말도 하지 않고 반항하며 날카로운 물건으로 목을 겨
  누는 경우

– 학부모가 자신의 요구 사항을 들어주지 않는다며 교문 앞에서 자해하겠다고
  소동을 피우는 경우

④ 명예훼손

·개념 : 여러 사람 혹은 불특정 사람에게 특정 사람의 사회적 가치나 사회적 평
  가가 침해될 수 있는 내용의 사실 또는 허위의 사실을 유포하거나 전파
  하여 그 사람의 명예를 손상시키는 행위를 말함. 명예를 손상시킬 수 있
  는 허위 사실을 유포한 경우뿐만 아니라 명예를 손상시킬 수 있는 진실
  된 사실을 유포한 경우에도 성립. 여러 사람이 아니라 단 1인에게만 유
  포한 경우에도 1인을 통하여 다수인에게 전파될 가능성이 있다면 명예
  훼손이 성립될 수 있음.

·교육활동 침해 행위로 문제가 될 수 있는 사례

– 학생이 다른 학생, 학부모에게 "담임교사가 특정 학생의 몸을 만졌다."라고
  허위 사실을 퍼뜨린 경우

– 담임교사에게 불만을 품은 학부모가 교사의 명예를 훼손하기 위하여 담임교
  사가 과거에 징계를 받았던 사실을 유포한 경우

– 학생이 교사의 지도에 불만을 품고 "A는 중학교 때 수학 성적이 전체에서 중
  간에도 못 미쳤었는데 지금 우리 학교 수학 교사인 A의 매형이 시험 문제를
  알려 줘서 매번 높은 점수를 받는 것이다."라는 허위 사실을 유포하는 경우

– 학생 한 명이 다른 학생 한 명에게 특정 교사에 대한 부정적인 사실을 얘기하

였고, 위 사실이 불특정 다수인에게 유포한 증거가 있는 경우

⑤ 모욕

·개념 : 다른 사람들 앞에서 특정한 사람의 사회적 평가를 저하시킬 만한 경멸적 감정을 표현하는 행위를 말함. 언어를 통한 모욕은 물론, 행동(거동)을 통한 모욕도 가능. 심각한 정도의 모욕에 대하여 침해자를 형사처벌하고자 하는 경우 모욕죄는 친고죄이기 때문에 피해자에 의한 고소가 있는 경우에만 형사처벌이 가능함.

·교육활동 침해 행위로 문제가 될 수 있는 사례

– 수업 중 학생이 교사에게 '○○놈', '○○년', '○랄한다', '○새끼' 등 경멸적인 표현을 하는 경우

– 교사의 외모나 신체적 특징을 비하하거나 비하하는 별명을 만들어 부르고 다니는 경우

– 특정 교사에 대하여 'A 선생은 멍청하다', '함량 미달이다' 등의 비하 발언을 다수인이 있는 장소에서 또는 인터넷으로 유포한 경우

– 다른 사람들이 보는 앞에서 교사를 경멸하는 표현이나 언행을 하는 경우

⑥ 손괴

·개념 : 타인의 재물, 문서 또는 전자기록 등 특수매체기록을 손괴 또는 은닉, 기타 방법으로 그 효용을 해하는 행위를 말함.

·교육활동 침해 행위로 문제가 될 수 있는 사례

– 교사의 지도에 반항하며 책상, 창문, TV 등 학교의 기물을 망가뜨리는 경우

– 교사의 출석부나 교무수첩의 일부나 전부를 찢어 버리는 등의 방법으로 사용하지 못하게 한 경우

– 학교에서 사용하는 컴퓨터의 파일을 일부러 숨겨 사용하지 못하게 하는 경우

침해 행위 유형 2. 성폭력 범죄

· 개념 : 「성폭력범죄의 처벌 등에 관한 특례법」 제2조 제1항 각 호에서 규정하고
있는 강간, 강제추행, 공연음란, 음화제조·반포, 통신매체를 이용한 음란행
위, 카메라 등을 이용한 촬영 등의 행위로 개인의 의사에 반하여 성적 자유
권을 침해하거나 의사에 반하는 성적인 접촉으로 성적 수치심이나 혐오심
을 유발하는 행위를 말함.

· 교육활동 침해 행위로 문제가 될 수 있는 사례

– 폭행 또는 협박으로 교사의 의사에 반하여 신체를 접촉하여(포옹이나 신체 부위를
만지는 등) 성적 수치심이나 혐오감을 유발하는 경우(강제추행)

– 계단을 올라가고 있는 교사의 특정 신체 부위를 휴대전화 카메라로 촬영한 경우
(카메라 등을 이용한 촬영)

– 학생이 수업 중 교실에서 자위행위를 하는 경우(공연음란)

– 학생이 교사의 사진에 타인의 나체를 합성한 사진을 만들어 다수 학생에게 배포
한 경우(음화제조·반포)

– 학생이 수업 중 휴대전화를 이용하여 음란한 동영상, 사진, 내용 등을 교사의 휴
대전화로 전송한 행위(통신매체를 이용한 음란행위)

침해 행위 유형 3. 불법 정보 유통

· 개념 : 전기통신설비와 컴퓨터 및 컴퓨터 이용 기술(전화, 컴퓨터를 이용한 인터넷 접속
등)을 통하여 ①음란한 내용의 정보, ②사람을 비방할 목적으로 공공연하게
사실이나 거짓의 사실을 드러내어 타인의 명예를 훼손하는 내용의 정보,
③공포심이나 불안감을 유발하는 부호·문언·음향·화상 또는 영상을 반복
적으로 상대방에게 도달하도록 하는 내용의 정보 등 불법정보를 유통하여
교육활동을 침해하는 행위를 말함.

· 교육활동 침해 행위로 문제가 될 수 있는 사례

- 교사를 비방하기 위하여 학부모 단체대화방에 담임교사가 자녀를 아동학대 하는 장면이 학교 CCTV에 찍혔다는 허위 사실을 전송한 경우
- 교사의 지도에 불만을 품어 교사를 비방하기 위하여 다수의 사람들이 접근할 수 있는 인터넷 게시판에 자녀의 담임교사가 금품을 요구하고 학생들을 처벌한다는 허위 사실을 작성한 경우
- 휴대전화 문자 메시지, 전자메일을 통해 교원에게 공포심이나 불안감을 일으키는 내용의 전화나 문자를 수차례 반복적으로 발송하는 경우

침해 행위 유형 4. 교육부장관 고시로 규정한 교육활동 침해 행위

· 「형법」 제8장(공무방해에 관한 죄) 또는 제34장 제314조(업무방해)에 해당하는 범죄 행위로 교원의 정당한 교육활동을 방해하는 행위
· 교육활동 중인 교원에게 성적 언동 등으로 성적 굴욕감 또는 혐오감을 느끼게 하는 행위
· 교원의 정당한 교육활동에 대해 반복적으로 부당하게 간섭하는 행위
· 교육활동 중인 교원의 영상·화상·음성 등을 촬영·녹화·녹음·합성하여 무단으로 배포하는 행위
· 그 밖에 학교장이 「교육공무원법」 제43조 제1항에 위반한다고 판단하는 행위

「교육공무원법」
제43조(교권의 존중과 신분보장) ①교권(敎權)은 존중되어야 하며, 교원은 그 전문적 지위나 신분에 영향을 미치는 부당한 간섭을 받지 아니한다.

교육활동 침해
대응하기

유아 간의 다툼으로 A의 얼굴에 상처가 났어요. 학부모에게 알리고 피부과에서 치료를 받았는데, 피부과에서 아물고 난 뒤에 레이저 치료를 받아야 한다는 진단을 받았어요. 그런데 A의 학부모가 아이가 다친 것은 교사의 관심이 부족한 것이라고 지속적으로 항의하였고 "한 번만 더 이런 일이 발생하면 교육청, 경찰서에 신고하겠다."고 했어요. 저는 그 학부모의 말이 협박으로 느껴졌어요. 이러한 경우 어떻게 대응해야 할까요?

2023. 12. 공립유치원 교사 C

위 사례와 같이 교권 침해 등의 문제가 생기면 교사와 학부모는 서로 다른 입장에서 대치하게 되는 상황을 맞습니다. 이러한 상황이 악화되면 해당 학부모는 담임교사에 대한 민원 제기 및 항의, 기관장 면담 요청, 교육청 청원, 수사기관 신고, 민사나 행정소송 등 여러 가지 방법으로 문제를 해결하려고 합니다. 물론 학부모와의 상담을 통해 원만하게 해결하는 것이 가장 바람직하겠지만, 사안에 따라 교사 혼자만의 노력으로 해결이 어려운 상황이 전개될 수도 있습니다.

학부모와의 갈등을 피하고 원만하게 해결하면 좋겠지만 피할 수 없는 상황으로 진행된다면 교육부나 지역교육청에서 제시한 교육활동 침해 사안의 단계별 대응 방안을 참고하여 대응할 수 있습니다. 인천광역시교육청의 〈2024 교육활동보호 매뉴얼〉에서 제시한 교육활동 침해 사안 단계별 대응 방안의 내용을 살펴보고자 합니다.

교육활동 침해 행위 예방교육

교육활동 침해 사안이 발생하기 전에 교육공동체를 대상으로 '교육활동 침해 행위 예방교육'을 실시하여 사전에 문제 발생 요인을 감소시키는 것이 중요합니다. 「교원지위법」 제24조(교육활동 침해 행위 예방교육)에 따르면 교육활동 침해 행위 예방교육의 대상, 시기, 방법 등이 구체적으로 명시되어 있습니다.

교육활동 침해 행위는 학생, 교사 모두에게 회복하기 힘든 평생의 트라우마로 남을 수 있으므로 침해 행위가 발생하지 않도록 사전 예방교육을 실시하는 것이 필요합니다. 교육활동 침해 행위에 대한 유치원과 교사의 선제적 조치를 통해 피해를 최소화하고, 교육활동 침해와 아동학대, 갑질 등의 경계 불명확성으로 인한 학교의 혼란을 방지할 수 있습니다. 관련된 내용을 살펴보면 아래와 같습니다(2024, 인천광역시교육청).

「교원지위법」
제24조(교육활동 침해행위 예방교육) ① 고등학교 이하 각급 학교의 장은 교직원·학생·학생의 보호자를 대상으로 교육활동 침해행위 예방교육을 매년 1회 이상 실시하여야 한다.

· 교육활동 침해 행위 예방교육 대상, 시기, 방법, 내용

대상	시기	방법	예방교육 내용
교직원	연 1회 이상	직장 내 연수, 원격 연수를 활용하여 실시	① 교육활동 침해 행위에 관한 법령의 내용 ② 교육활동 침해 행위 발생 시 대응 요령 ③ 학생 대상 교육활동 침해 행위 예방 프로그램의 운영 방법 ④ 학교의 장이 교육활동 침해 행위 예방을 위하여 필요하다고 인정하는 사항
학생	연 1회 이상	교과 및 창의적 체험활동 시간을 활용하여 실시	① 교육활동 침해 행위에 관한 법령의 내용 ② 교육활동 침해 행위의 유형 및 사례 ③ 교육활동 보호에 관한 내용 ④ 학교의 장이 교육활동 침해 행위 예방을 위하여 필요하다고 인정하는 사항
보호자	연 1회 이상	학교 교육과정 설명회, 학부모 연수, 가정통신문, SNS 등을 활용하여 실시	① 교육활동 침해 행위에 관한 법령의 내용 ② 교육활동 침해 행위의 유형 및 사례 ③ 교원과의 상호 존중과 배려 및 소통 방법 ④ 가정에서의 교육활동 침해 행위 예방교육에 관한 사항 ⑤ 학교의 장이 교육활동 침해 행위 예방을 위하여 필요하다고 인정하는 사항

출처 : 2024 교육활동보호 매뉴얼, 인천광역시교육청

교육활동 침해 사안 처리 5단계

교육활동 침해 행위의 4가지 유형 중에서 한 가지 이상 해당하는 사안이 발생하면 그 사실을 인지한 즉시 피해 교원에 대한 안전 조치를 취한 후 교육 현장을 안정화해야 합니다. 그 이후에는 피해 교원에 대한 보호조치를 한 후 침해 학생의 보호자에게 연락을 취하고 사안 조사가 이루어지도록 절차를 진행합니다. 인천광역시교육청의 〈2024 교육활동보호 매뉴얼〉에서 제시한 교육활동 침해 사안 단계별 대응 방안의 내용을 정리하여 재구성하였습니다.

① 초기 대응 및 사안 신고

원장은 학년도 필요시 업무 담당 교원을 지정하며, 교권 침해 사안 발생을 인지하는 즉시 개입합니다. 구체적인 대응 요령은 다음과 같습니다.

업무 담당자 대응 요령	피해 교원 대응 요령

· 인지 즉시 적극 개입
· 교육 현장 안정화
  - 가해자와 피해 교원 즉시 분리 조치
  - 필요시 업무 대행자 지정, 목격 학생 진정시키기
· 보호자에게 연락
· 사안 신고서 접수(피해 교원 → 학교)
· 일반 사안 신고(24시간 이내 학교 → 교육지원청)
· 중대 사안 인지 즉시 신고(학교 → 교육지원청, 교육청)
· 중대한 경우 경찰에 신고
· 언론 등 대응 창구 단일화
	· 침해 행위 중단 요청
	· 주변에 도움 요청
	· 현장에서 벗어나기
	· 관리자·담당자에게 신고

② 피해 교원 보호 및 사안 발생 보고

원장은 피해 교원 보호조치를 실시하고 교육지원청에 사안 발생 보고를 합니다. 대응 요령은 다음과 같습니다.

업무 담당자 대응 요령	피해 교원 대응 요령

· 피해 교원 보호조치 실시(학교장)
  - 특별휴가, 조퇴, 병가 허가
  - 응급처치, 병원 후송, 심리상담 지원
  - 심리상담, 법률 상담, 공무상 병가 신청 안내 등
· 지역교권보호위원회 등 절차 안내
· 사안 발생 보고(5일 이내, 학교 → 교육지원청)
  - 피해 교원 및 학생(보호자) 면담 및 의사 확인
  - 의견서 접수 및 목격자 진술, 증거 수집 등
  - 관할 교육(지원)청에 사안 발생 보고서 작성 제출(공문)
	· 특별휴가, 조퇴, 병가 신청
	· 심리상담 등 지원 요청
	· 사안 발생 당시 상황 기록
	· 면담 시 피해 상황 구체적으로 진술
	· 관련자 조치 및 보호조치에 관한 의견 진술

③ 사안 조사(교육지원청)

　지역교육청에서는 교육활동 침해 사안에 대해 조사하고 보고서를 작성합니다. 세부 내용은 다음과 같습니다.

업무 담당자 대응 요령	피해 교원 대응 요령
· 사안 발생 보고서 검토 · 사안 조사 　- 피해 교원 및 학생(보호자)의 관련 자료 조사 　- 쟁점 사안 확인·점검·조사 　- 교육활동 침해 행위 여부 확인·점검·조사 　- 조치 필요성에 관한 사실 확인·점검·조사 · 조사 보고서 작성	· 추가 면담 시 피해 상황 구체적으로 진술 · 관련자 조치 및 보호조치에 관한 의견 진술

④ 지역교권보호위원회 소집 운영(교육지원청)

　지역교권보호위원회를 소집하여 분쟁을 조정하고 침해 보호자 등에 대한 조치를 의결하는 단계입니다. 세부 내용은 다음과 같습니다.

업무 담당자 대응 요령	피해 교원 대응 요령
· 안건 설정 · 지역교권보호위원회 소집(21일 이내) 　- 교육장이 위원장에게 소집 요구 　- 위원장이 각 위원에게 소집 통지 　- 위원장이 피해 교원, 관련자에게 출석 통지 · 당사자에게 진술 기회 부여 · 분쟁 조정 · 침해 학생, 침해 보호자 등에 대한 조치 의결 · 피해 교원 추가 보호조치 권고 · 회의록 작성	· 사실관계 진술 · 서면 진술 가능

⑤ 사안 종결(학교, 교육지원청)

지역교권보호위원회의 심의 결과를 통지하고 심의 결과 이행 상황을 관리하며 재발 방지 등을 조치하며 마무리합니다. 세부 내용은 다음과 같습니다.

업무 담당자 대응 요령	피해 교원 대응 요령
· 지역교권보호위원회 심의 결과 통지(14일 이내) · 결과 보고(교육지원청 → 시교육청) · 심의 결과에 대한 이행 독려 · 피해 교원 심리치료 등 지원 · 재발 방지 조치, 추수지도 · 불복 절차 안내·지원 · 언론 등 대응 창구 단일화	· 피해 회복 및 치유

5장

교육활동 침해
민원 대응 사례 77

Part 1 기관 운영

Part 2 영유아 지도

Part 3 안전

교육활동 침해 사례 01

선생님, 교사 경력 몇 년 차예요?

어떻게 해야 할까요?

유아 A의 학부모는 담임교사의 교직 경험이 오래되지 않았다는 사실을 알게 된 후 "선생님 몇 살이에요? 몇 년 차예요? 애들에 대해 잘 모르시는 것 같아요."라고 이야 기하였다. 유아 A의 학부모는 교사가 초임교사임을 알게 된 이후 유치원 바깥 놀이 터 근처에서 유아의 유치원 생활을 지켜보기 시작했다. 유아 A의 학부모가 교사와 아이들을 지켜보고 있는 상황이 종종 지속되면서 교사는 수업 진행에 방해가 된다 고 느꼈다. 정신적 스트레스가 심해지면서 본인의 교권이 침해당한다고 느꼈다.

A 유치원 사례

이런 게 궁금해요

• "선생님 몇 살이에요? 몇 년 차예요?"라는 학부모의 질문에 어떻게 답변해야 하 는가?

• 어려 보이는 외모, 연륜 부족 등을 극복하고 영유아교육 전문가로서 전문성을 갖 추기 위해 어떤 노력을 해야 하는가?

💡 이렇게 해결해요

1. 교사 본인의 노력

① 국가에서 부여하는 자격을 가진 유치원 정교사임을 인식하고 위축되지 말고 자신 있게 학부모와의 의사소통에 임한다.

② 유아 교사로서의 전문적 역량(유아 관찰, 놀이지원, 생활지도 등)을 강화할 수 있도록 스스로 성찰하고 노력한다.

③ 교사로서의 전문성과 인품이 느껴질 수 있도록 말투, 외모, 복장 등 자신을 점검한다.

2. 영유아교육기관의 대응 방안

① 교육기관은 유치원 교사가 대학의 '유치원 교원 양성 과정'을 이수하여 국가에서 부여하는 '유치원 정교사 2급 자격'을 취득한 정교사임을 부모교육을 통해 안내한다.

② 입학 전 학부모 오리엔테이션을 통해 관리자(원장, 원감) 또는 전문 강사를 초빙하여 교권 침해 예방교육을 실시한다.

✏️ 해결의 Tip 및 참고 사항

1. 부모 상담 및 학부모 소통 연수 실시

학부모 상담, 학부모 대응 및 소통을 위한 교육기관 차원의 교사 연수를 통해 교사의 학부모 상담 역량을 강화한다.

2. 교사 자기 점검 체크리스트 활용

교사로서의 전문성 및 품위를 유지할 수 있도록 끊임없이 성찰하며 점검한다. '교사 자기 점검 체크리스트'를 활용하여 정기적으로 점검하는 것도 하나의 방법이다.

현장체험학습 중
잃어버린 물건을 찾아 주세요

⚲ 어떻게 해야 할까요?

현장체험학습 중 영아 J가 장갑을 잃어버렸다. 귀가할 때 학부모에게 이를 말씀드렸다. 귀가 후 스마트 알림장에 "선생님 구하기 힘든 장갑이라 꼭 찾아 주셨으면 좋겠어요."라는 글이 올라왔다. 다음 날, 등원 시간에 학부모가 다시 "선생님 J 장갑을 꼭 찾아 주세요."라고 이야기했다. 귀가할 때도 "선생님 장갑 찾으셨나요? 꼭 찾아 주세요."라고 다시 한 번 이야기했다. 현장체험학습 중 잃어버렸다고 했음에도 계속 장갑을 찾아 달라고 하여 교사는 매우 난감했다.

K 어린이집 사례

✅ 이런 게 궁금해요

- 현장체험학습 중 잃어버린 물건을 꼭 찾아 주어야 하는가?
- 학부모가 지나친 요구를 할 때 어떻게 대응해야 하는가?

💡 이렇게 해결해요

1. 교사의 대응 방안

① 학부모와 대화를 통해 학부모의 속상한 마음에 공감한다.

② 교사가 잃어버린 물건을 찾기 위해 노력했음에도 물건을 찾을 수 없었음을 학부모에게 정확하게 전달한다.

③ 현장체험학습 시 영아의 물건을 주의 깊게 챙기고, 가정과 연계하여 영아 스스로 자신의 물건을 챙기는 연습을 할 수 있도록 안내한다.

2. 영유아교육기관의 대응 방안

① 어린이집 운영 안내 책자, 오리엔테이션 자료, 가정통신문 등을 통해 영유아가 물건을 스스로 잘 챙기지 못하기에 분실할 수 있음을 안내한다.

② 가정에서 영유아와 함께 자신의 물건에 이름을 기입하도록 한다.

③ 교사는 가정에서 가지고 온 영유아의 물건에 이름이 기재되어 있는지 확인한다.

✏️ 해결의 Tip 및 참고 사항

• 영유아 물건에 이름을 기입하는 방법

① 펜으로 적는다.

② 자수로 이름을 새긴다.

③ 의류 네임스티커를 유아의 옷, 신발 등에 놓고 다리미로 다린다.

우리 아이 행동을 통제하지 말아 주세요

어떻게 해야 할까요?

유아 A는 자신의 뜻대로 안 되면 물건을 던지고 교사를 때린다. 아무 때나 눕고 뛰고 소리 지르는 등 규칙대로 행동하지 않고, 다른 아이들의 활동을 방해하며 공격적으로 행동한다. 발육 상태가 좋아서 아이의 행동을 제지하는 것이 교사의 힘에 부쳤다. 교사가 선생님을 때리거나 친구들에게 공격적인 행동을 하는 아이의 팔목을 잡고 제지했다. 아이는 교사를 바라보며 "이씨, 가만 안 둘 거야!"라고 하면서 씩씩거렸다. 유아 A의 학부모에게 상황을 설명하자 "선생님, A가 아무리 그래도 선생님이 애 팔목을 잡고 통제하는 것은 아닌 것 같아요. 다음부터는 우리 아이 팔을 잡고 통제하는 거 하지 말아 주세요."라고 요구했다.

B 유치원 사례

이런 게 궁금해요

- 자녀의 문제 행동을 인정하지 않는 학부모에게 어떻게 안내해야 하는가?
- 자녀의 폭력적 문제 행동을 통제하지 말라고 요구하는 학부모에게 어떻게 답해야 하는가?

💡 이렇게 해결해요

• 영유아교육기관의 대응 방안

① 학부모 상담을 통해 가정과 연계하여 문제 행동을 지도할 수 있다. 학부모 상담이 유아의 발전을 위해 학부모와 협력하는 과정임을 인식하며 준비한다.

② 상담 시 유아의 긍정적인 행동 및 발달 사항을 먼저 이야기한 뒤 문제 행동에 대한 이야기를 풀어 나가는 것이 좋다.

③ 유아의 문제 행동에 대해 이야기할 때 문제 행동과 그 결과에 대한 언급보다 문제 행동이 일어난 상황을 구체적으로 이야기한다. 유아의 문제 행동에 대해 최대한 객관적으로, 교사의 개인적 의견 및 감정적인 표현은 자제하며 언급한다. 교사가 유아를 부정적으로만 인식하고 있다는 오해를 사지 않도록 한다. 이때, 유아의 문제 행동에 대한 객관적인 자료(일화 기록지, 체크리스트 등)를 함께 제시하는 것도 좋다.

④ 유아의 문제 행동에 대한 학부모의 생각을 들어 본 뒤 해결 방안을 함께 찾아보고, 해결 방법을 함께 실천해 본다. 교사와 학부모가 유아의 문제 행동 개선을 위해 함께 노력하는 것이 중요하다.

✏️ 해결의 Tip 및 참고 사항

• 학부모에게 자녀의 행동을 인지할 수 있도록 안내

① 유아의 문제 행동에 대한 객관적인 자료(관찰기록일지, 발달 체크리스트 검사지 등)를 수집하여 학부모에게 안내한다.

② 학부모 참관수업을 통하여 자녀의 행동을 객관적으로 관찰할 수 있는 기회를 제공한다.

선생님 아이 좀 잘 보세요!

? 어떻게 해야 할까요?

영아들과 어린이집 주변을 산책하고 인근 아파트 놀이터에서 놀이하였다. 미끄럼틀을 타는 영아, 오르기 기구에 오르는 영아 등 영아들이 놀이하고 있는데 갑자기 아파트 고층에서 "선생님!" 하고 화난 억양으로 외치는 소리가 들렸다. 소리가 나는 쪽을 쳐다보니 K의 아버지가 아파트 베란다에서 놀이터를 향해 "선생님 K 좀 잘 보세요!" 하고 소리를 질렀다. K는 오르기 기구에서 놀이를 하고 있는 중이었다. 당황하고 놀란 교사와 영아들은 놀이를 멈추고 곧장 어린이집으로 돌아왔다.

J 어린이집 사례

☑ 이런 게 궁금해요

• 학부모의 돌발 행동에 어떻게 대응해야 하는가?

• 보육 활동 중에 학부모로부터 부당한 간섭을 받았다고 생각할 때 교사는 어떻게 대응해야 하는가?

💡 이렇게 해결해요

1. 교사의 단계별 대응 방안

① 영아들 앞에서 동요하지 않고 침착하게 행동한다.

② 어린이집으로 돌아와 관리자(원장, 원감)에게 아파트 놀이터에서 있었던 상황을 보고한다.

③ 회의를 통해서 해결 방안 모색, 어린이집 운영위원회 개최 여부(어린이집 운영위원회 심의 사항 중 '보육교사의 권익 보호에 관한 사항')를 결정한다.

출처 : 2024년 보육사업안내

2. 영유아교육기관의 대응 방안

① 해당 학부모 개별 면담을 통하여 진상을 파악한다.

② 보육 활동의 원활한 협조를 요청한다.

③ 보육 활동의 부당한 간섭 사례(영유아 앞에서 교사에게 소리 지르는 사례, 수업 중 간섭으로 인한 수업 중단 사례)에 대한 부모교육(집합교육, 지면교육)을 실시한다.

✏️ 해결의 Tip 및 참고 사항

● 어린이집 운영위원회(「영유아보육법」 제25조, 시행령 제21조의2, 시행규칙 제26조)

학부모의 언어폭력 견디기 힘들어요

⚡ 어떻게 해야 할까요?

오전 등원 시 의사소통의 오류로 유아가 등원 차량에 탑승하지 못하는 상황이 발생하였다. 유아 A의 어머니는 "차량에 탑승하지 못했는데 어떻게 하실 거죠? 지금 차를 돌려 데리러 오셔야 하는 거 아닌가요?"라며 강하게 항의하는 과정에서 교사에게 융통성이 부족하다고 하였다. "교사로서의 자질이 없는 것 같네요. 교사 자격이 없는 것 같아요." 등의 교권을 침해하는 말을 하였다. 교사는 학부모의 이러한 말들이 언어폭력으로 느껴졌고 자괴감으로 매우 괴로웠다.

S 유치원 사례

☑ 이런 게 궁금해요

• 학부모에게 상처가 되는 말을 들었을 때 교사는 어떻게 마음을 다잡아야 하는가?
• 학부모의 언어폭력에 어떻게 대응해야 하는가?

💡 이렇게 해결해요

1. 교사의 마음 다스리기

① 교사는 감정적으로 동요하지 말고 심호흡하며 마음을 다스린다.

② 학부모와 정서적 거리를 두고 상황을 객관적으로 보며 침착하게 대응한다.

2. 서로 다른 배경, 경험, 생각을 가진 학부모에 대해 인식하기

유아 교사는 직업상 다양한 사회적 배경, 경험, 생각을 가진 학부모와 관계를 맺을 수 있다는 점을 인지하고, 그들이 나(교사)와 다른 생각을 할 수 있다는 점을 인식한다.

3. 학부모의 감정적 대응에 휘둘리지 말고 이성적으로 대응하기

학부모의 감정적 대응에 감정이입하지 않으려고 노력한다. 언어적·정서적으로 상처가 되는 표현, 부당하거나 무리한 요구에 대해 이성적이고 당당하게 대응한다.

✏️ 해결의 Tip 및 참고 사항

1. 교권 침해 예방교육 하기

학기초 학부모 오리엔테이션에서 교사의 교권 보호를 위한 부모교육을 실시한다. 교권 침해 사항을 사례별로 제시하여 학부모의 이해를 높이고 협조를 구한다.

2. 교육활동 침해 사안 처리 절차별 서식

2024 교육활동보호 매뉴얼, 인천광역시교육청

아이 앞에서 교사에게 욕을 해요

？ 어떻게 해야 할까요?

하원 시간에 교사가 영아 A의 학부모에게 칫솔이 마모되어 교체해야 한다고 전달하였다. 어머니는 "칫솔을 보낸 지 얼마 되지 않았는데 또 보내야 하나요?" 하고 교사에게 반문하였다. 교사가 미처 대답하기 전에 옆에 있던 아버지가 어머니에게 "미친년 아냐?"라고 말하여 교사는 당황스럽고 수치스러웠다.

C 어린이집 사례

☑ 이런 게 궁금해요

- 교사는 학부모의 무례한 언행에 어떻게 대응해야 하는가?
- 교사 앞에서 욕을 하는 학부모로 인해 상처받은 교사는 어떻게 대응해야 하는가?

💡 이렇게 해결해요

1. 교사의 단계별 대응 방안

① 당황하지 말고 관리자(원장, 원감)에게 보고한다.

② 해당 학부모에게 면담을 요청한 후, 대면하여 침착하게 발생했던 상황을 상기시킨다. 이는 보육교사에 대한 모욕 행위에 해당함을 설명하고, 앞으로 그러한 행위를 삼가도록 요청한다.

③ 교사 개인이 해결하기 어려울 경우에는 관리자에게 원만한 해결을 위한 도움을 요청한다. 원장은 담임교사에게 정중히 사과해 줄 것을 요청하고 추후 모욕감을 주거나 협박적인 발언을 지속할 경우 법적 책임을 지게 될 수 있음을 명확하게 전달한다.

2. 영유아교육기관의 대응 방안

① 전문기관과 연계한 부모교육을 진행한다. 육아종합지원센터에서 배부한 부모교육 홍보지 이용(부록6, 부록7 부모교육용 포스터 참고).

② 교육기관 내 홍보 매체(스마트 알림장, 게시판, 지면, 포스터)를 활용한 부모교육을 실시한다.

✏️ 해결의 Tip 및 참고 사항

• 전문기관을 통한 보육교사 상담 진행

① 지역육아종합지원센터 보육교직원 고충 상담을 이용한다.

② 한국보육진흥원, 정신건강복지센터 심리지원 서비스를 이용한다.

CCTV 보면 다 나와요

🎣 어떻게 해야 할까요?

낮잠을 자지 않는 영아를 억지로 재웠다며 학부모가 어린이집으로 전화를 하여 "자기 싫은 아이를 억지로 재우는 것은 아동학대 아닌가요? 제가 아동학대로 신고할까요?"라고 이야기했다. 어린이집에서는 낮잠 시간에 아이를 억지로 재우지 않았기에 아동학대 상황이 없다고 이야기하자 "신고하면 CCTV를 분석할 거고 CCTV 분석하면 낮잠 시간이 아니더라도 아동학대 상황이 다 나오게 되어 있어요. 잘 모르시나 보네. 일 크게 만들지 마시고 합의금을 주시면 어떨까요?"라고 이야기하며 합의금을 요구했다.

C 어린이집 사례

☑️ 이런 게 궁금해요

• 학부모가 사실이 아닌 상황을 가지고 합의금을 요구할 경우 어떻게 대응해야 하는가?

💡 이렇게 해결해요

- 영유아교육기관의 대응 방안

① 교사는 학부모의 이야기에 감정이 동요되지 말고 침착하게 행동하며 상황을 파악한다.

② 교사는 관리자(원장, 원감)에게 상황을 보고한다.

③ 원장은 CCTV를 확인하여 영아에 대한 학대 상황이 있었는지 확인한다.

④ CCTV 확인 후 '보육교사의 권익 보호 상황'으로 어린이집 운영위원회를 개최한다.

⑤ 해당 학부모에게 허위사실 유포는 어린이집 업무방해죄에 해당됨을 안내한다.

✏️ 해결의 Tip 및 참고 사항

1. 업무방해죄의 객체는 계속 반복적으로 행하는 업무로 정신적인 부분까지 포함한다. 위계나 위력(폭행, 협박, 사회적 지위나 권세 등에 의한 압박 등)으로 업무를 방해해야 한다. 실제 결과가 발생하지 않아도 업무 방해 결과를 초래할 위험이 있다면 해당된다(대법원 2005.4.15. 선고 2002도3453 판결, 대법원 2013.2.28. 선고 2011도 16718 판결 참고)

출처 : 보육교사의 보육활동 보호를 위한 대응 가이드(2023), 보건복지부

2. 관련 법령 또는 근거 규정

① 「형법」 제283조(협박) ①사람을 협박한 자는 3년 이하의 징역, 500만 원 이하의 벌금, 구류 또는 과료에 처한다.

② 「형법」 제314조(업무방해) 제313조의 방법 또는 위력으로써 사람의 업무를 방해한 자는 5년 이하의 징역 또는 1천500만 원 이하의 벌금에 처한다.

한 번만 더 이러면 어린이집 엎어 버릴 거예요

❓ 어떻게 해야 할까요?

영아 A는 어린이집에 등원한 지 며칠 되지 않아 아직 적응 기간이다. 귀가 후 스마트 알림장에 "집에 와서 A의 기저귀를 갈 때 보니 엉덩이가 빨갛더라고요. 어린이집에서 대변을 보면 엉덩이를 물로 닦지 않고 물티슈로 닦나요? 앞으로는 꼭 물로 닦아 주세요."라는 글이 올라왔다. 교사는 A의 어머니에게 전화하여 대변을 본 영아의 엉덩이를 물로 닦아 A를 더 잘 돌보겠다고 이야기했다. 저녁 9시쯤 스마트 알림장에 A의 아버지의 글이 올라왔다. "엉덩이를 물로 닦지 않고 대충 물티슈로 닦은 것 같은데 다음에 우리 아이 엉덩이가 이렇게 되면 어린이집 찾아가서 뒤집어엎어 버리겠어요."라는 내용이었다. 어린이집을 엎어 버리겠다는 내용을 보니 억울하기도 하고 무섭기도 하였다.

K 어린이집 사례

☑ 이런 게 궁금해요

- 교사가 학부모로부터 협박을 받았다고 느낄 때 어떻게 대응해야 하는가?

💡 이렇게 해결해요

1. 영유아교육기관의 대응 방안

① 영아의 상태에 대한 학부모의 속상한 감정을 들어 주고 침착하게 상황을 파악한다.

② 관리자(원장, 원감)에게 보고한다.

③ 관리자 회의를 통해서 진위 확인, 해결 방안을 모색한다.

④ 학부모와 직접 만나 상황을 들어 주고 오해를 풀 수 있도록 안내한다.

⑤ 부모교육 및 부모 교류 기회를 제공한다.

2. 부모교육 내용

① 첫아이를 처음 어린이집에 보낼 경우 학부모는 작은 변화에도 민감하게 반응한
다. 늦은 시간에 감정적으로 흥분한 상태인 경우 즉각 반응하지 않고 다음 날 학
부모의 어린이집 방문 여부를 확인한다.

② 영아의 경우 감기로 항생제를 먹고 있고, 항생제를 먹으면 설사를 할 수 있음을
안내한다.

3. 부모 교류 기회

어린이집에서 진행하는 다양한 부모 참여의 기회(소모임)를 안내하고, 직접 참여하
여 여러 학부모와 육아 경험을 나눌 수 있는 기회를 제공한다.

4. 외부 전문기관

육아종합지원센터 등 교사의 업무 스트레스 해소에 도움을 받을 수 있는 다양한
기관의 지원을 받는다.

🖋 해결의 Tip 및 참고 사항

• 전화 통화보다는 직접 얼굴을 대면하여 서로의 입장을 이야기한다.

관찰기록일지를 매일 A4 2장씩
가정으로 보내 달래요

❓ 어떻게 해야 할까요?

유아 A는 발달지체 소견으로 언어치료와 놀이치료를 받고 있다. A의 어머니는 교사에게 발달센터에서 요구하는 유아 행동 관찰기록일지를 매일 작성해 달라고 요구하였다. 스마트 알림장으로 등원부터 귀가까지 A4 2장 분량에 해당하는 양을 요구하였다. 정해진 양의 3분의 2가량을 기록해서 보내면 "선생님! 오늘 저희 아이를 관찰하신 건가요? 왜 이렇게 조금 써서 보내신 건가요? 우리 아이가 달라진 것이 없네요."라고 불평하였다. 매일 일과 운영을 하면서 한 명의 유아만을 위해 교사가 시간과 노력을 할애하기 어려운 상황으로 "이렇게까지 해야 하나…" 교사로서 자존감이 많이 떨어지는 것을 느꼈다.

E 유치원 사례

☑ 이런 게 궁금해요

- 무리한 학부모의 요구에 교사 개인은 어떻게 대응해야 하는가?
- 무리하고 부당한 학부모의 요구에 영유아교육기관 차원에서 어떻게 대응해야 하는가?

💡 이렇게 해결해요

1. 교사의 대응 방안

① 교사는 학부모에게 해당 유아에 대한 A4 2장 분량의 관찰기록일지 작성은 일과 운영 중에 어려움을 부드럽고 단호하게 전한다. 다수의 유아를 교육하고 돌보는 상황에서 현실적으로 불가능함을 정중하게 이야기한다.

② 받아들여지지 않는다면 담임교사 혼자 해결하려 하지 말고 관리자(원장, 원감)에게 보고하여 도움을 받는 것이 바람직하다.

2. 영유아교육기관의 대응 방안

오리엔테이션이나 부모교육을 통해 학부모에게 교사의 직무 내용과 범위를 구체적이고 정확하게 알려 준다. 유아 관찰 및 상담 등 유치원에서 제공 가능한 교육 서비스의 내용과 범위를 안내한다.

✏️ 해결의 Tip 및 참고 사항

1. 교육과 돌봄의 내용과 범위, 방법 등을 기관별로 매뉴얼화하여 지침화한다.
2. 교사의 직무 매뉴얼 사례 참고(부록 2)

교육활동 침해 사례 10

당신이 의사야?

🔍 어떻게 해야 할까요?

유아 A는 평소에 행동 조절이 되지 않아서 교육활동에 지장을 줄 뿐 아니라, 친구들에게도 피해를 준다. 대·소집단 활동에 참여하지 못하고 교실에서 뛰어다니거나 친구들을 때리고, 친구들의 놀이와 활동을 방해하였다. 유아 A의 행동으로 정상적인 일과 운영 및 수업 진행이 어려운 상황이 지속되자 교사는 유아 A 어머니에게 소아정신과 진단이나 놀이치료 등을 조심스럽게 제안하였다. 그러자 유아 A의 아버지가 교육기관에 찾아와 "당신이 의사야? 왜 마음대로 A에 대해 판단하고 결정해!"라며 소리를 질렀다.

D 유치원 사례

☑️ 이런 게 궁금해요

- 유아의 문제 행동이 교사 혼자만의 노력으로 통제가 안 된다면 어떻게 해야 하는가?
- ADHD나 경계성 장애가 의심되는 유아의 학부모와는 어떻게 상담을 해야 하는가?

💡 이렇게 해결해요

1. 전문적이고 객관적인 관찰 및 기록으로 상담하기

① 유아의 문제 행동에 대한 전문적이고 객관적인 관찰 및 기록을 상담 자료로 활용하여 학부모 면담하고 유아의 적극적 치료 또는 전문기관 상담을 권고한다.

② 이때 검증된 ADHD 테스트 체크리스트를 활용한다.

③ 학부모가 유아의 관찰 결과를 토대로 면담하는 교사의 의견을 받아들이지 않고 부정적으로 반응한다면 관리자(원장, 원감)에게 전문가 의뢰를 요청하여 도움을 받는다.

2. 영유아 발달 전문가의 전문적 도움받기

영유아 발달 전문가를 교육기관(유치원, 어린이집)의 자문위원으로 위촉하여 유아에게 치료가 필요한지 점검(검사)을 받는다.

✏️ 해결의 Tip 및 참고 사항

• 유아용 ADHD 테스트 체크리스트(부록 3) 참조

선생님 때문에 낙인찍혔어요

어떻게 해야 할까요?

유아 A는 유치원에서는 물론 동네 놀이터에서도 공격적인 행동으로 친구들을 괴롭혔다. 동네 학부모들은 A의 부모에게 A의 공격적인 행동을 자제시켜 줄 것을 요청하였고, 이는 학부모 간의 다툼으로 확대되었다. A의 어머니는 담임교사에게 전화하여 "평상시 선생님이 교실에서 A를 자주 혼내서 친구들에게 낙인찍혔어요. 선생님 때문에 A와 제가 정신적 피해를 받아 피해보상을 받아야겠어요."라며 화를 냈다. 자녀의 문제 행동은 파악하지도 않은 채 교사 탓만 하는 학부모 때문에 교사 역시 정신적 충격으로 밥을 먹지 못하고 잠도 자지 못하는 등 괴로움에 휩싸였다.

Q 유치원 사례

이런 게 궁금해요

● 유아 간의 다툼이 학부모 간의 다툼으로 확대되었을 때 교사는 어떠한 입장과 행동을 취해야 하는가?

● 자녀의 문제 행동은 파악하려 하지 않고 교사 탓만 하는 학부모에게 어떻게 대응해야 하는가?

💡 이렇게 해결해요

1. 교사의 입장과 태도

① 위 상황에서 교사를 탓하고 비난하는 학부모는 이미 아이 친구 부모들로부터 자녀에 대해 안 좋은 소리를 들었기 때문에 마음이 상하여 감정적으로 격해진 상태이므로 교사는 감정적으로 동요하지 말고 정서적 거리를 두어 이성적이고 차분하게 대응한다. "지금 너무 속상하시겠어요. 제가 기다렸다가 어머니 마음이 좀 가라앉으시면 다시 전화 드릴까요?"

② 학부모가 이성적으로 대화가 가능할 때까지 기다린 후 다시 통화하여 학부모의 이야기를 들어 주고 속상한 마음을 읽어 주고 위로해 준다. 그러나 흥분을 가라앉힌 후에도 학부모가 교사를 비난하는 것을 멈추지 않는다면 관리자(원장, 원감)에게 도움을 요청하여 공동으로 대응한다.

2. 자녀의 문제 행동에 대한 구체적 안내

학부모가 자녀의 문제 행동을 끝까지 인정하지 않고 계속 교사를 비난한다면 학부모 참관수업을 통해 유아의 행동을 관찰하게 하거나 문제 행동에 대한 자료를 수집하여 학부모에게 안내한다. 단, 학부모 참관수업 시 유아가 부모의 참관 사실을 모르게 한다.

✏️ 해결의 Tip 및 참고 사항

• 유아 간의 다툼이 학부모 간의 다툼으로 확대되었을 때 교사는 갈등 해소를 위해 중재할 수 있으나 꼭 중립을 지켜야 한다.

우리 아이 A랑 놀지 않게 해 주세요

❓ 어떻게 해야 할까요?

유아 A는 감정 조절이 잘되지 않아 본인이 하고 싶은 대로 행동한다. 학부모 참관수업에 참여했던 유아 S의 학부모가 감정 조절이 되지 않는 A를 관찰하고 그날 오후 교사에게 연락해 "A와 우리 아이가 함께 놀지 않도록 선생님이 떼어 놔 주세요."라고 요구하였다.

E 어린이집 사례

☑ 이런 게 궁금해요

• 특정 유아와 놀지 못하게 해 달라는 학부모의 요구에 교사는 어떻게 대응해야 하는가?

💡 이렇게 해결해요

1. 교사의 대응 방안

① 학부모와 면담을 실시한다.

② 학부모가 유아 A와 떼어 놓고 싶어 하는 사유를 정확히 알아본다.

③ 유아가 놀이를 하는 상황에서 교사가 놀이 대상을 구분하여 나누는 것이 현실

적으로 쉽지 않음을 학부모에게 안내한다.

④ 교육활동(동화, 이야기 나누기 등)을 통하여 친구의 감정을 이해하고, 자기 감정을 조절할 수 있도록 지도한다.

2. 영유아교육기관의 대응 방안

① 참관수업을 통하여 교사가 놀이에 참여하여 중재자 역할을 수행하는 것을 학부모가 확인할 수 있도록 한다.

② 감정 조절이 되지 않는 유아 A의 학부모와 면담을 진행하여 현재 상황을 안내한다.

🖉 해결의 Tip 및 참고 사항

• 감정 조절이 되지 않는 유아에 대한 이해

① 성격이 급한 유아는 생각하고 행동하기 보다 먼저 행동으로 표현한다.

② 환경이 낯설 경우 자신에 대한 방어 목적으로 난폭한 행동을 할 수 있다.

③ 유아는 부정적 감정(분노, 화 등)을 표현하는 방법을 제대로 알지 못한다.

④ 유아의 주변인에 의한 지속적인 부정적 피드백으로 유아의 자존감이 저하될 수 있다.

교사와의 대화 내용을 녹음하여 맘카페에 올렸어요

❓ 어떻게 해야 할까요?

유아 A가 교실에서 또래 친구에게 맞았다며 A의 어머니가 CCTV 확인을 요청하였다. CCTV에는 맞는 장면이 나오지 않았으나 A의 학부모는 이를 믿지 못하며 지속적으로 찾아와 2~3시간씩 교사를 힘들게 하였다. 처음에는 학부모의 이야기를 들어 주고 달래며 설득했으나 지속적으로 힘들게 하자 "CCTV에 A가 맞는 장면이 없어요."라고 이야기했다. A의 학부모는 "CCTV 사각지대에서 일어난 일인데 교사가 제대로 돌보지 못해서 일어난 일 아닌가요?"라며 교사를 탓하였다. 또한 이러한 대화 내용을 몰래 녹음하여 유출하였으며, 녹음된 내용을 맘카페에 올려 유치원 이름과 교사의 신원을 유출하였다.

L 유치원 사례

☑️ 이런 게 궁금해요

- 또래 간의 다툼 과정을 보겠다며 CCTV 확인을 요청하는 학부모에게 어떻게 대응해야 하는가?
- 교사와의 대화 내용을 몰래 녹음하고 인터넷, SNS에 유출한 경우 교사는 어떻게 대응해야 하는가?

💡 이렇게 해결해요

1. CCTV 열람 기준

CCTV는 ①유아의 안전사고 확인, ②아동학대 의심의 상황에서 열람이 가능하다. 그러나 위 경우에 해당하지 않은 상황에서의 CCTV 열람 요청에 대해서는 유아교육 및 유치원 운영에 지장이 없는 범위 내에서 유치원장이 결정한다. 이때 CCTV 분쟁의 당사자가 되는 모든 정보 주체로부터 별도의 제3자 제공 동의를 받는 것이 적절하다(영상정보처리기기 설치 운영 가이드라인).

2. 교사와의 대화 녹음 및 인터넷 유출

교사와의 대화를 몰래 녹음하여 이를 유출하고, 대화 내용 및 교사의 신원을 맘카페에 올린 행위로 교권이 침해당했다고 생각된다면 유치원에 교권보호위원회 개최를 요구할 수 있다(4장 교육활동 침해 행위 유형 3. 불법 정보 유통 참고).

✏️ 해결의 Tip 및 참고 사항

• CCTV 확인 방법 및 절차

① 열람 신청서 작성 및 제출 → 영상기록물 저장 유무 확인 → 열람 사유 타당성 검토 후 원장이 열람 가부 결정한다.

② 열람 '가'인 경우 열람 신청자에게 통지 → 지정된 열람 일시, 열람 장소 안내 및 열람 신청자의 신분증 확인 후 열람 조치, 개인영상정보관리대장에 기록한다.

③ 열람 '부'인 경우 통지에 대해 불복하여 이의 신청이 제기된 경우 유치원운영위원회 상정 등의 절차를 거쳐 다시 한 번 열람 사유 타당성을 검토한다.

※참고 자료 : 유치원 내 영상정보처리기기 자가 점검 체크리스트(부록 4)

교사의 옷깃을 잡고 흔들었어요

어떻게 해야 할까요?

하원 시간에 교사가 학부모에게 유아 A를 인계하며 A가 놀이 시간에 물레방아에 있는 테이프를 뜯다가 손가락을 살짝 긁혔고, 긁힌 부위에 연고를 발라 주는 등 처치한 상황을 이야기하였다. 학부모는 교사에게 다가와 교사의 옷깃을 잡고 흔들며 "선생님 그러니까 잘 보셨어야죠~."라고 큰소리로 외쳤다. 하원 시간이라 많은 학부모가 보고 있었던 상황이라 교사는 모멸감을 느꼈다.

M 유치원 사례

이런 게 궁금해요

• 학부모의 언어·신체 폭력에 대해 교사는 어떻게 대응해야 하는가?

• 교사는 어떤 절차로 도움을 받을 수 있는가?

💡 이렇게 해결해요

• 교사의 단계별 대응 방안

① 피해 교사는 학부모의 가해 행위에 대해 중단을 요청하고 현장에서 벗어난다.

② 업무 담당자는 적극적으로 개입해 피해 교사와 일시 분리한다.

③ 관리자(원장, 원감)의 보호조치에 따라 피해 교원은 특별휴가, 조퇴, 병가를 신청
및 허가받을 수 있으며 부상 치료 및 심리상담 지원을 요청할 수 있다.

④ 유치원은 관할 교육지원청 및 시도교육청에 교육활동 침해 사안 발생 보고 후
사안을 면밀하게 조사하고 임한다.

⑤ 학교 교권보호위원회를 소집하여 분쟁을 조정 및 종결한다(3장 사례별 민원 대응 매
뉴얼 사례 5. 폭력 참고).

✏️ 해결의 Tip 및 참고 사항

1. 교육활동 침해 사안 처리 절차별 서식

2024 교육활동보호 매뉴얼, 인천광역시교육청

2. 관련 법령 또는 근거 규정

① 교원의 지위 향상 및 교육활동 보호를 위한 특별법(교원지원법) 제19조(교육활동 침
해행위)

② 학교안전사고 예방 및 보상에 관한 법률(학교안전법)

③ 학교안전사고 예방 및 보상에 관한 법률 시행령(학교안전법 시행령)

가정 내 아동학대를 신고했어요

🔍 어떻게 해야 할까요?

영아 A의 등원 후 기저귀를 교체하는데 엉덩이와 등에 멍 자국을 발견하고 학부모에게 전화하여 멍 자국을 알고 있는지 확인하였다. A의 어머니는 오빠를 야단치는 과정에서 던진 막대기에 A가 맞아서 멍이 들었다고 하였다. 교사는 이 상황을 원장에게 보고하였고, 원장은 즉시 경찰(112)에 가정 내 아동학대 의심 신고를 하였다. 다음 날 영아 A의 어머니는 어린이집에서 아동학대 의심 신고한 것을 왜 본인에게 이야기하지 않았는지 따지기 시작하였고, 오히려 가정에서 생긴 영아의 팔꿈치 멍 자국에 대해 어린이집에 해명을 요구했다.

M 어린이집 사례

☑ 이런 게 궁금해요

● 가정에서 아동학대가 의심될 때 어린이집에서는 어떻게 대응해야 하는가?

💡 이렇게 해결해요

1. 영유아교육기관의 대응 방안

① 가정에서 생긴 멍 자국이라는 것을 확인할 수 있는 자료를 찾아본다. 스마트 알림장에 업로드된 사진 등을 찾아본다.

② 관리자(원장, 원감)에게 상황을 보고한다.

③ 관리자는 A의 어머니에게 A의 팔꿈치 멍 자국이 가정에서 생긴 것임을 사진 자료 등을 이용해 안내하고, 어린이집 교사는 아동학대 신고 의무자임을 알린다.

2. 아동학대 신고 내용

① 피해(의심) 아동의 현재 상황 : 피해(의심) 아동의 안전 여부, 응급조치 필요 여부, 피해(의심) 아동의 심신 상태 등

② 피해(의심) 아동 인적 사항 : 성명, 성별, (추정)연령, 주소, 전화번호 등 연락처

③ 아동학대 행위(의심)자 관련 사항 : 성명, 성별, (추정)연령, 주소, 전화번호 등 연락처, 피해(의심) 아동과의 관계, 피해(의심) 아동과의 동거 여부, 아동학대 행위(의심)자의 특성 및 성향

④ 신고자 관련 사항 : 성명, 전화번호 등 연락처, 주소, 피해(의심) 아동과의 관계, 신고 의무자 여부, 신고 목적(신고자의 욕구)

⑤ 아동학대 의심 상황 : 아동학대 유형(구체적인 아동학대 행위), 아동학대의 정도 및 심각성, 아동학대 발생 빈도, 아동학대의 지속성, 최근 발생한 아동학대 상황

⑥ 기타 사항 : 추가 아동 존재 여부(집단 내 다른 아동 또는 아동의 형제·자매 존재 여부), 아동학대 행위(의심)자의 현재 상황(심신 상태 등), 다른 기관과의 연계 여부, 기타 내용

※ 위 정보를 모두 파악하지 못해도 신고는 가능하며, 가능한 많은 정보를 제공하도록 노력한다.

출처 : 어린이집 아동학대 예방 및 대응 매뉴얼

🖊 해결의 Tip 및 참고 사항

● 아동학대 신고 처리 방법

① 시·군·구 아동학대 전담공무원 전담 긴급 전화 → 신고 접수

② 112 신고 → 신고 접수 → 경찰 조사

③ 아이지킴콜 112앱(전화 신고 또는 문자 신고 가능)

※ 신고자의 신분은 「아동학대범죄의 처벌 등에 관한 특례법」 제10조, 제62조에 의해 보장

아이들에게 관심이 없는 사람이
교사를 할 수 있나요?

✎ 어떻게 해야 할까요?

특수학급 유아 A의 학부모가 공개 수업을 참관하는 과정에서 자신의 아이가 다른 유아들로부터 따돌림을 당하고 무시당하고 있다고 느껴 이의를 제기하였다. 이 사안을 확인하는 과정에서 A의 학부모는 "선생님, 우리 A에 대한 관심이 부족한 건 아닌가요? 아이들에게 관심 없는 사람이 어떻게 교사를 할 수 있나요?"와 같이 감정적으로 대응하였다. 교사는 교권 침해를 받았다는 생각을 하였고, 유치원에 교권보호위원회 개최를 요구하였다.

K 유치원 사례

☑ 이런 게 궁금해요

- 교사는 특수학급 학부모의 부당한 민원 제기에 어떻게 대응해야 하는가?
- 교사는 교권보호위원회를 어떻게 신청해야 하는가?

💡 이렇게 해결해요

1. 영유아교육기관의 대응 방안

① 유치원에서는 학부모와 특수교사 면담을 통해 갈등 상황을 파악한다.

② 학부모와 특수교사의 입장에 대한 차이를 알고, 원만하게 해결할 수 있도록 관리자(원장, 원감)는 중재자의 역할을 한다.

③ 관리자는 사안을 해결하기 위해 담임, 특수교사, 부장 및 외부 인사를 초빙해 해결 방안을 모색한다.

2. 교권보호위원회 개최 절차

① 피해 교원의 보호조치를 하고 사안을 교육청에 보고한다.

② 교권보호위원회 개최에 대한 교사의 신청서를 받아 내부 결재하고 지역교육청에 사안 발생을 보고한다.

③ 학부모에게 교권보호위원회 개최에 대해 안내한다.

④ 교권보호위원회 절차에 맞게 심의 의결하고, 그 결과를 서면으로 통보한다.

※ 4장 6. 교육활동 침해 대응하기 참고

✏️ 해결의 Tip 및 참고 사항

• 관련 법령 또는 근거 규정

① 2024 교육활동보호 매뉴얼, 인천광역시교육청

② 교육활동 침해 예방교육자료(2023), 교육부 외

어린이집에 모기가 있나요?

ℚ 어떻게 해야 할까요?

영아 A의 어머니가 아이가 어린이집에서 모기에 물렸다며 스마트 알림장에 모기에 물린 사진과 "어린이집에 모기가 있을 수 있나요? 한 번만 더 물려 오면 가만있지 않겠어요."라는 글을 올렸다. 그 후 어린이집에서는 훈증기를 설치하고 영아가 외출할 때 모기 기피제, 모기 팔찌 등을 사용하였지만 또다시 눈 주변을 모기에 물렸다. A의 어머니는 교사에게 "도대체 어린이집 방역 관리를 어떻게 하기에 또 모기에 물린 건가요? A를 어떻게 책임지실 거죠?"라고 화를 내며 전화를 끊었다.

R 어린이집 사례

☑ 이런 게 궁금해요

- 영아가 모기에 물린 책임의 소재를 교사의 과실로 판단하는 학부모에 대해 어떻게 대응해야 하는가?
- 교사의 직무 스트레스를 해소하는 방법은 어떤 것이 있는가?

💡 이렇게 해결해요

● 교사의 대응 방안

① 교사의 책임 소재를 요구하는 학부모의 격양된 반응에 감정적으로 동요하지 말고 차분하게 응대한다. 또한 학부모의 속상한 마음에 공감해 준다.

② 교사는 관리자(원장, 원감)에게 보고하고 회의를 통하여 해결 방안을 모색하여 실행한다.

- 매월 정기적으로 방역업체를 통하여 방역을 진행한다.

- 방충망을 재정비한다.

- 방역, 방충망 재정비 후 가정통신문과 정보 공시를 통하여 학부모에게 공지한다.

③ 관리자는 해당 학부모에게 어린이집 차원에서 진행하는 방역 관리를 위한 노력을 안내한다.

④ 해당 교사에게 직무 스트레스 해소를 위한 지원 프로그램을 안내한다.

- 육아종합지원센터의 어린이집 유형과 보육 교직원 특성 및 상황을 고려한 온라인 상담, 전화 상담, 방문 상담 등 상담 프로그램을 안내한다.

- 정신복지건강센터(1577-0199)의 상담을 안내한다.

- 한국보육진흥원에서 진행하는 '마음성장 프로젝트'에 참여하여 직무 스트레스를 해소할 수 있도록 안내한다.

마음성장 프로젝트

교사의 개인 연락처를 요구해요

❓ 어떻게 해야 할까요?

유아 B가 하원 후 부모에게 "친구가 나 때렸어."라고 이야기하자 화가 난 유아 B의 어머니는 담임교사가 퇴근한 저녁 7시에 유치원에 전화하여 담임교사와의 통화를 요구하였다. 유치원 방과후과정 교사가 담임교사는 퇴근했다고 이야기하니 유아 B의 어머니는 담임교사의 휴대전화 번호를 알려 달라고 요구하였다. 방과후과정 교사는 개인정보라 동의 없이 알려 줄 수 없다고 이야기하였으나 학부모는 "우리 아이가 같은 반 친구에게 맞았는데 어쩌라는 거야!"라며 흥분하여 큰소리를 질렀다.

H 유치원 사례

✔ 이런 게 궁금해요

- 교사의 휴대전화 번호와 같은 개인정보 보호 방안은 무엇인가?
- 교사의 퇴근 후 상담 요청 같은 무리한 요구에 어떻게 대응해야 하는가?

💡 이렇게 해결해요

1. 교사의 개인정보 보호 방안

원장과 교원, 유아 또는 보호자는 유아의 문제를 해결하기 위한 원인 분석, 대안 모색 등이 필요한 경우 누구든지 상담을 요청할 수 있다. 다만, 「유치원 교원의 교육활동 보호를 위한 고시」에 따라 아래의 사항에 대해서는 상담을 거부할 수 있다.

①사전에 목적, 일시, 방법 등이 합의되지 않은 상담

②직무 범위를 넘어선 상담

③근무 시간 이외의 상담

2. 영유아교육기관의 대응 방안

①교사와 학부모 간 상담은 사전에 관련 협의가 필요하며, 퇴근 후 학부모의 무리한 상담 요구에는 상담 불가를 안내한다.

②교사 개인의 휴대전화 번호는 개인정보이므로, 개인정보 요구가 불가하다는 것을 안내한다.

③유치원 전화 이용 또는 가정과의 소통을 위한 SNS 애플리케이션 등을 사용하도록 안내한다.

✏️ 해결의 Tip 및 참고 사항

1. 유치원 교원의 교육활동 보호를 위한 고시(교육부 고시 제2023-30호, 2023. 9. 1. 제정 및 시행)

2. '유치원 내부 규정'으로 유치원 교육활동 관련 세부 사항 관련 지침 준비 및 작성

차량 노선 변경해 주세요

🔑 어떻게 해야 할까요?

"어린이집 차량 운행 시간표를 받았습니다. 차량 운행 시간표를 확인하니 저희 아이가 차량을 30분 정도 타는 것 같습니다. 차를 오래 타 보지 않아서 차량 타는 시간을 줄이고 싶은데 혹시 제일 마지막에 타도록 차량 노선을 변경해 주실 수 있을까요?" 본인의 자녀를 위해 차량 노선 조정을 요구하는 학부모 때문에 매우 황당하고 난감하였다.

Q 어린이집 사례

☑ 이런 게 궁금해요

- 학부모가 등하원 차량 노선 조정을 요청할 경우 어떻게 대응해야 하는가?

💡 이렇게 해결해요

- 영유아교육기관의 대응 방안·
① 입학 상담 시 유아가 등(하)원 차량을 이용할 경우 차량 탑승 위치, 탑승 시간, 소요 시간에 대하여 안내한다.
② 오리엔테이션을 진행할 때 학부모에게 등(하)원 차량 탑승 위치, 탑승 시간,

소요 시간 등에 대한 동의를 받는다.

③ 등(하)원 차량 탑승에 대한 동의를 받았음에도 불구하고 차량 노선 변경을 요청할 경우 관리자(원장, 원감)에게 보고하고 변경 가능 여부를 확인한다.

④ 학부모에게 등(하)원 차량 노선 변경 요구에 대한 어린이집 입장을 안내한다.

  – 차량 노선 변경이 가능하다면 조절해서 안내한다.

  – 차량 노선 변경이 어려운 경우 그 상황을 학부모에게 설명하고 이해를 구한다.

🖉 해결의 Tip 및 참고 사항

• 등하원 차량 지도 방법 및 유의점

① 등원 차량 이용 시 : 다음 코스 도착 전 몇 명의 유아가 탑승하는지 점검하기

② 하원 차량 이용 시 : 차량표를 보며 마지막 코스에 내리는 유아부터 순차적으로 태우기

③ 공통 사항 : 유아들을 태우고 내릴 때 인사 지도하기(기본생활습관), 차에 탑승하면 안전벨트 하기

사진 및 개인정보 동의서 제출을 거부합니다

❓ 어떻게 해야 할까요?

학기초 교실 내 학급 환경 구성을 위하여 학부모에게 유아의 사진을 제출해 달라고 요구하였다. 장애 유아 A의 학부모는 "선생님, 사진을 제출하면 사람들이 우리 A가 다른 아이들과 다르다는 것에 선입견을 가지고 놀림을 받을 수 있으니 사진은 제출 하지 않겠습니다."라고 하며 사진 제출과 유치원에서 A의 사진 활용을 거부하였다. 뿐만 아니라 각종 개인정보 동의서 제출도 거부하여 교사가 교실 환경을 구성하는 데 매우 어려움을 느끼고 있다.

P 유치원 사례

☑️ 이런 게 궁금해요

• 유아의 개인정보 활용 내용 및 관련 규정은 어떠한가?

• 초상권의 의미와 침해 기준은 어떠한가?

💡 이렇게 해결해요

1. 유아의 개인정보 활용 내용 및 관련 규정

① 유아의 사진을 행사 관련하여 홍보 및 SNS 게시 목적으로 활용할 경우 해당

목적을 명확하게 알리고 동의를 받아야 한다.

② 「개인정보 보호법」 제15조에 따라 개인정보 처리자는 '법률에 특별한 규정이 있거나 법령상 의무를 준수하기 위하여 불가피한 경우' 등의 경우에는 정보 주체의 동의 없이 개인정보를 수집·이용할 수 있다.

– 동의 불필요 : 생활기록부 작성 참고 자료, 학생 건강검사 기록의 교사 간 공유

– 동의 필요 : 학생과 교직원의 졸업 앨범 제작, 현장체험학습 신청서, 공개수업 촬영 영상

③ 개인을 식별할 수 있는 단체 사진의 경우 개인정보에 해당하므로 영유아교육기관 홈페이지에 사진을 올린다면 정보 주체의 동의를 얻어야 한다. 동의를 거부한 사람에 대해서는 식별할 수 없도록 처리한 후 게시가 가능하다.

2. 초상권 의미 및 침해 기준

초상권이란 사람이 자신의 초상(肖像)이 허가 없이 촬영되거나 또는 공표되지 않을 권리로서, 그 침해 기준은 다음과 같다.

① 얼굴 및 신체 일부가 허락 없이 사용되었거나 약속한 기한을 넘겼을 때

② 사용된 내 얼굴 및 신체 일부가 누군지 예상 가능할 정도로 식별되어야 함.

③ 상업적인 목적으로 내 허락 없이 사용이 되었을 때

출처 : 초상권 침해 기준 사진이 허락 없이 사용되었을 때, 법률사무소 수림

🖍 해결의 Tip 및 참고 사항

• 개인정보 보호 표준 서식

서울특별시교육청 > 행정정보 > 표준 서식(개인정보 보호)

– 개인정보의 제3자 제고, 개인정보 파일의 파기 등 : 교육부 제공

– 각급 학교 개인정보 수집업무 길잡이(초등용/중·고용) : 교육부 제공

– 각급 학교 개인정보 수집이용제공 동의서 : 서울특별시교육연구정보원 제공

차량이 늦게 왔어요

🔎 어떻게 해야 할까요?

어린이집 하원 차량 운행 중 골목에 진입하자 사고가 나서 길이 막혀 있었다. 골목을 돌아가야 해서 학부모에게 늦어질 수 있음을 전화로 안내했고, 안내된 시간보다 5분 정도 늦게 도착했다. A의 어머니는 "선생님 제가 얼마나 기다린 줄 아세요? 애아빠가 지금 화가 너무 많이 났으니 각오하세요!"라고 소리를 질렀다. 교사는 공포감을 느꼈다.

O 어린이집 사례

☑️ 이런 게 궁금해요

- 불가피한 상황으로 일어난 일에 지나치게 화를 내는 학부모에게 교사는 어떻게 대응해야 하는가?

💡 이렇게 해결해요

- 교사의 대응 방안

① 교사는 감정적으로 응대하지 않고 침착하게 대응한다.

② 관리자(원장, 원감)에게 보고한다.

③ 학부모에게 어린이집 입장을 안내한다. 학부모의 속상한 마음에 공감하는 인사말 후에 차량이 예상 시간보다 늦게 도착한 상황에 대해 구체적으로 설명하여 이해를 구한다.

④ 원만한 해결이 이루어지지 않고 지속적으로 교사를 협박할 경우 '보육 활동 침해' 행위가 될 수 있음을 안내한다.

⑤ 보육 활동 침해 행위 발생 시 녹화(녹음) 고지 및 법적 대응 자료를 수집하고 경찰 신고 및 협조 요청을 한다.

🖊 해결의 Tip 및 참고 사항

● 보육 활동 침해 대응 방안

보육 활동 침해 상황이 발생하면 상황 판단 및 사실관계를 확인하고 대응 방안을 결정한다. 대응 방안은 원만한 대응과 원칙 대응으로 나누어 진행할 수 있다.

원만한 대응	원칙 대응
원장에게 보고	즉시 자제 요청
침해 행위 중단 요청	사전 구두 경고
원만한 해결 지원 요청	원장에게 보고
고충 상담	녹화(녹음) 고지 및 법적 대응 자료 수집
	경찰 신고 및 협조 요청

출처 : 보육교사의 보육 활동 보호를 위한 대응 가이드(2023), 한국보육진흥원

교육활동 침해 사례 22

선생님은 우리 아이에게 불친절한 것 같아요

❓ 어떻게 해야 할까요?

신학기 적응 기간 이후에도 유아 A는 등원할 때마다 계속 울음을 보였다. 유아 A는 엄마와 헤어질 때 교사를 보면 더 자지러지게 울었다. 이러한 상황이 반복되자 어느 날 어머니는 "선생님은 우리 아이에게 불친절한 것 같아요. 그래서 아침마다 유치원에 올 때 A가 우는 것 같아요."라고 하였다. "A가 불안한 모습을 보이는 것을 보니 선생님이 우리 A를 정서적으로 학대하는 것은 아닌가요?"라고 이야기하여 교사는 교권 침해를 받았다는 생각을 하게 되었다.

D 유치원 사례

☑️ 이런 게 궁금해요

• 학부모로부터 정서학대를 했다는 부당한 이야기를 들었을 때 교사는 어떻게 대응해야 하는가?

💡 이렇게 해결해요

1. 교사의 대응 방안

① 학부모 면담을 통하여 유아가 유치원 등원 시 울음을 보이는 모습, 우는 아이를 바라보는 어머니의 불편한 마음에 공감한다.

② 유치원 생활과 관련한 다양한 관찰기록 자료를 제시하여 유아가 유치원에서 안정적으로 생활하고 있음을 충분히 안내한다.

③ 이후에도 학부모가 유치원 생활에 대한 불안감이 해소되지 않을 경우 유치원 생활을 참관할 수 있는 시간을 갖는다.

2. 영유아교육기관의 대응 방안

① 아동학대 관련 부모교육을 진행한다. 지역 내 유아교육진흥원, 아동보호전문기관, 세이브더칠드런 등 다양한 기관에서 진행하는 부모교육을 안내한다.

② 학부모가 유치원 활동에 참여할 수 있는 다양한 기회를 제공한다. 부모 일일교사, 부모 모니터링, 현장체험학습 도우미 등이 있다.

✏️ 해결의 Tip 및 참고 사항

• 정서학대 정의

정서학대는 보호자를 포함한 성인에 의한 아동의 건강, 복지를 해치거나 정상적 발달을 저해할 수 있는 정신적 폭력 또는 가혹 행위로서, 아동에게 행하는 폭력, 정서적 위협, 감금이나 억제 기타 가학적인 행위이다.

아이의 이야기만 듣고 교사를 협박해요

🎙️ 어떻게 해야 할까요?

낮잠을 거부하는 유아 M이 있다. 어머니와 상담 후 낮잠 시간에 M이 낮잠을 잘 수 있도록 10~15분 정도 시도하고, 낮잠을 자지 않을 경우 부모님께 말씀드리기로 했다. 귀가 후 M은 낮잠을 자기 싫었는데 선생님이 억지로 자라고 했다고 부모에게 이야기하였다. 다음 날 M의 어머니는 교사에게 "M이 자고 싶지 않았는데 선생님이 계속 자라고 했다면서요? 왜 제 이야기를 듣지 않으시는 거죠? 맘카페에 글 올려서 어린이집 문 닫아야 제 말 들을 거예요?"라며 교사의 이야기는 듣지 않고 소리쳤다.

K 어린이집 사례

☑️ 이런 게 궁금해요

- 낮잠을 자지 않는 유아를 교사는 어떻게 지도해야 하는가?
- 교사의 이야기를 믿지 않고 협박하는 학부모에게 어떻게 대응해야 하는가?

💡 이렇게 해결해요

• 교사의 대응 방안

① 학부모 면담을 통하여 학부모의 불편한 마음에 공감한다.

② 낮잠 시간에는 유아가 낮잠을 잘 수 있도록 시도하고, 낮잠을 자지 않으면 조용한 활동을 진행함을 안내한다.

③ 교사 개인이 해결하기 어려울 경우에는 관리자(원장, 원감)에게 원만한 해결을 위한 도움을 요청한다. 이때 원장은 협박적인 발언을 지속할 경우 법적 책임을 지게 될 수 있음을 명확하게 전달한다(3장 5. 사례별 민원 대응 매뉴얼 사례 1. 전화 폭언 참고).

✏️ 해결의 Tip 및 참고 사항

• 낮잠 지도 방안

① 조명을 낮추고 조용한 음악을 트는 등 잠들 수 있는 분위기를 조성한다.

② 잠들기 힘들어 하는 아이들은 선생님이 옆에서 토닥여서 재워 준다. 처음에는 잘 자지 않던 아이들도 시간이 지나면 낮잠 시간을 인식하고 잠들게 된다.

③ 낮잠에 대한 불안이 있는 학부모의 경우 낮잠 지도 모습을 참관할 수 있도록 한다.

옷차림을 바꿔 주세요

🔍 어떻게 해야 할까요?

학부모가 등원 때마다 자녀 A의 옷차림에 대해 교사에게 요구하는 사항이 있다. "오늘은 바지 2개를 입고 등원했어요. 교실에서는 활동하기 편하게 바지 하나는 벗겨 주고 바깥 놀이 갈 때는 바지를 2개로 다시 입혀 주세요."라고 한다. 또한 조끼 위에 코트, 코드 위에 조끼 등 장소와 시기마다 옷 입히는 순서를 다르게 요구한다. 스마트 알림장의 사진을 보고 A가 학부모의 요구대로 옷을 입고 있지 않으면 왜 요구대로 입히지 않았냐고 알림장에 댓글을 남긴다. 여러 명의 유아들과 생활하는데 한 명의 학부모가 지나친 요구를 하는 것이 많이 불편하다.

L 어린이집 사례

☑ 이런 게 궁금해요

• 본인의 자녀만 보살펴 달라는 학부모의 요구에 교사는 어떻게 대응해야 하는가?

💡 이렇게 해결해요

1. 영유아교육기관의 대응 방안

① 교사는 학부모의 요구를 정확하게 파악한다.

② 관리자(원장, 원감)에게 학부모의 요구에 대해 보고한다.

③ 관리자는 학부모의 요구가 다수의 유아를 교육해야 하는 교사에게 무리한 요구 임을 전달한다.

④ 일과 운영에 대한 이해를 돕기 위해 학부모가 참관수업, 일일교사, 보조교사 등 으로 참여할 수 있는 기회를 제공한다.

⑤ 유아가 스스로 옷을 입고 벗을 수 있도록 가정과 연계하여 교육한다.

2. 학부모에게 유아의 자조 능력을 형성하는 데 필요한 정보 제공

① 대면 오리엔테이션, 참관수업, 일일교사, 보조교사 등으로 학부모가 직접 참여 하여 유아의 자조 능력 발달을 이해하는 기회를 제공한다.

② 가정통신문, 인터넷 홈페이지, 스마트 알림장 등을 이용해 유아 자조 능력 발달 에 대한 필수 정보를 제공한다.

✏️ 해결의 Tip 및 참고 사항

• 유아의 자조 능력 형성과 자율성 신장

유아는 자신이 할 수 있는 일을 스스로 하면서 자조 능력을 형성하고, 하고 싶은 일을 선택하고 수행하면서 자신의 선택과 결정에 대해 책임지는 경험으로 자율성을 기른다(2019 개정누리과정 해설서 27쪽). 따라서 스스로 할 수 있는 일은 스스로 할 수 있도록 기회를 주어야 한다.

바깥 놀이를 하지 말아 주세요

어떻게 해야 할까요?

가을이 되면서 날씨가 쌀쌀해졌다. 유아 S의 어머니는 "날씨가 쌀쌀하니 바깥 놀이는 하지 말아 주세요."라고 요청하였다. 그 후로도 "S가 감기에 걸리니 바깥 놀이를 시키지 말아 주세요."라고 요구하였다. 바깥 놀이 시 교사가 유아들과 함께 진행해야 한다고 안내하였더니 "그래도 그 시간 동안 따로 S를 봐 주세요."라고 요구한다. 교사는 보조교사도 없는데 바깥 놀이를 할 때마다 S를 따로 봐 달라는 학부모의 요구에 매우 난처하였다.

Y 유치원 사례

이런 게 궁금해요

- 바깥 놀이 시 나가지 말고 매번 따로 봐 달라는 학부모의 무리한 요구에 교사는 어떻게 대응해야 하는가?

💡 이렇게 해결해요

● 영유아교육기관의 대응 방안

① 교사는 학부모가 요구하는 사항에 대한 원인을 파악한다. 유아가 감기에 걸려서 바깥 놀이 하는 것을 원하지 않는 것인지, 아니면 특별한 이유가 있는지 학부모에게 물어본다.

② 관리자(원장, 원감)에게 학부모의 요구에 대하여 보고하고, 어떻게 대응해야 하는지 협의한다.

③ 바깥 놀이를 할 때 따로 아이를 봐 주는 것은 학부모의 무리한 요구임을 안내한다. 그럼에도 불구하고 계속 요구한다면 ○○반이 바깥 놀이를 하는 동안 유아 S는 다른 교실에서 생활할 수 있음을 안내한다.

④ 교사는 학부모의 요구로 유아 S를 별도로 봐 줄 수 있는지 관리자와 협의한다.

⑤ 바깥 놀이의 중요성에 대해 부모교육(대면, 가정통신문, 스마트 알림장 등)을 진행한다.

✏️ 해결의 Tip 및 참고 사항

● 바깥 놀이의 중요성 안내

《놀이는 기쁨(유아 놀이중심 2019 개정)》(김동관·홍난숙, 2020) 2부 〈밖에서 놀아야 큰다〉에는 골목과 함께 사라진 놀이 문화와 바깥 놀이의 중요성에 대하여 안내하고 있다.

내 커리어도 소중해요

🔍 어떻게 해야 할까요?

영아 P가 열이 나서 체온을 측정하니 40도였다. 아픈 영아를 위한 지침에 따라 교사가 어머니에게 연락하자 "나도 일하는 사람인데 무작정 전화하면 어떡해요!" 하며 소리를 지른다. 교사가 영아 P의 아픈 상태를 전하고 병원에 갈 것을 권유하자 "내 커리어도 소중해요. 당장 갈 수 없으니 알아서 좀 해 주세요." 하고 전화를 뚝 끊어 버렸다.

B 어린이집 사례

☑ 이런 게 궁금해요

- 학부모의 무례한 언행에 교사는 어떻게 대응해야 하는가?

💡 이렇게 해결해요

- 영유아교육기관의 대응 방안

① 학부모의 무례한 언행에 감정적으로 동요되지 말고 영아의 응급 상황을 응급처치 방안에 따라 처리한다.

② 관리자는 부모교육을 통해 교사도 감정노동자임을 안내하고, 교사에 대한 학부

모의 기본예절을 교육한다.

③ 교사에게 다양한 힐링 프로그램에 참여할 수 있는 기회를 제공한다.

✎ 해결의 Tip 및 참고 사항

• 영유아교육기관의 응급처치 방안

① 관리자(원장, 원감)에게 영아의 상태를 보고한다.

② 영아가 열경련이 일어나지 않도록 미지근한 물로 영아의 몸을 계속 닦아 준다.

③ 응급처치 동의서에 따라 응급처치 동의서에 있는 연락처로 연락한다.

④ 학부모가 곧장 오지 못할 경우 관리자는 119에 신고한다.

⑤ 응급처치 동의서에 기록된 이송 병원으로 이송될 수 있도록 119 차량에 어린이집 관계자가 동승한다.

⑥ 병원 진료 후 학부모에게 상황을 안내한다.

우리 아이 속옷이 자주 젖어 와요

💡 어떻게 해야 할까요?

유아 K의 학부모가 교사에게 전화하여 "K가 속옷이 자주 젖어 오는데 화장실 지도
는 잘하고 계시는 건가요? 하루이틀도 아니고 속옷이 젖어 오거나 응가가 묻어 올
때가 많아요. 선생님이 아이들한테 관심이 없는 건 아닌가요?"라고 하였다. 유아 K
가 화장실에 갈 때 교사가 함께 가서 뒤처리를 분명히 하였음에도 불구하고 유아 K
어머니의 항의 전화 때문에 교사는 마음에 상처를 입었다.

B 유치원 사례

☑️ 이런 게 궁금해요

• 유아의 용변 처리에 대한 학부모의 일방적인 항의에 교사는 어떻게 대응해야 하
  는가?

💡 이렇게 해결해요

• 영유아교육기관의 대응 방안

① 교사는 학부모의 요구(유아의 용변 지도 상황)를 정확하게 파악한다.

② 유아가 화장실에 갈 때 교사가 함께 가서 뒤처리를 도와 주고 있음을 학부모에

게 안내한다.

③ 교사는 유치원에서 유아의 용변 처리 상황에 대해 지속적으로 학부모와 소통
한다.

④ 유아가 스스로 용변 처리를 할 수 있도록 가정과 연계하여 지도한다.

✏️ 해결의 Tip 및 참고 사항

• 유아의 용변 처리 지도 방법에 대한 안내

① 교사는 학부모에게 가정에서의 용변 처리 지도 방법을 안내한다.

② 가정에서 유아가 실수를 하더라도 용변 처리 기능을 완전히 습득할 수 있도록
꾸준히 지도한다.

※ 참고 자료 : 안영은(2018), 슈퍼 히어로의 똥 닦는 법, 책읽는곰

우리 아이 양쪽 엉덩이에 멍 자국이 있어요

❓ 어떻게 해야 할까요?

어린이집에서 W의 기저귀를 갈다가 엉덩이에 멍을 발견하고 학부모에게 물어보려고 사진을 찍어 놓았었다. 어제는 멍 자국이 없었기에 W에게 "엉덩이 아야 했어?"라고 물었더니 "여기 여기 주사 아야 했어."라고 대답했다.

낮잠 시간에 스마트 알림장에 글이 올라왔다. "선생님 W의 몸을 씻기다가 발견했는데 양쪽 엉덩이에 멍 자국이 있네요. 기저귀를 차는 아이인데 양쪽 엉덩이에 멍 자국이 이렇게 생기려면 얼마나 큰 충격이 있었겠어요. 물론 선생님을 못 믿는 건 아니지만 요즘 아동학대 문제도 심각하니 공연히 마음이 쓰여요."

아이의 몸에 멍이나 상처가 생기면 교사를 의심하는 것 같아 상처가 된다.

K 어린이집 사례

☑ 이런 게 궁금해요

- 학부모에게 아동학대로 의심받는 교사는 어떻게 대응해야 하는가?

🔅 이렇게 해결해요

● 교사의 대응 방안

① 교사는 학부모가 전달하는 영유아의 상황을 정확하게 파악한다.

② 관리자(원장, 원감)에게 보고한다.

③ 영상정보(CCTV) 관리자 또는 책임자는 CCTV 열람을 통해 아동학대 상황이 있었는지 파악한다.

④ 관리자는 학부모에게 CCTV 열람 결과 아동학대 상황이 없었음을 안내하고, 필요시 CCTV 열람 절차에 따라 CCTV 열람이 가능함을 안내한다.

✏️ 해결의 Tip 및 참고 사항

● 교사와 학부모의 신뢰 관계 형성은 무엇보다 중요하다.

평소 학부모에게 영유아의 어린이집 생활을 전달할 때 구체적(언제, 어디서, 누구와, 무엇을, 어떻게 놀았는지)으로 전달하면 학부모와의 신뢰감 형성에 도움이 된다.

부모가 신뢰할 수 없는 교사는 "우리 아이 어떻게 지냈어요?"라고 물었을 때 "잘 놀았어요."라고 이야기하는 교사이다. "잘 놀았어요."라고만 답한다면 "저는 아이의 놀이를 관찰하지 않아서 말씀 드릴 게 없습니다."라고 이야기하는 것과 같다.

어머! 시간이 이렇게 된 줄 몰랐어요

🔍 어떻게 해야 할까요?

연장반을 이용하는 영아 A는 19시 30분이 넘어서 귀가하는 경우가 종종 있다. 귀가 시간이 되어도 학부모가 오지 않아 전화를 하면 "어머! 시간이 이렇게 된 줄 몰랐어요. 금방 갈게요."라고 하였다. A의 학부모는 20시가 넘어서 어린이집에 도착했고, 학부모에게서 술 냄새가 났다. A의 학부모는 회식이 있어서 늦어졌다고 말하였으나 늦어진 것에 대해 미안해 하는 기색이 없었다. 교사로서 존중받지 못한다는 생각이 들어서 자괴감이 들었다.

S 어린이집 사례

✅ 이런 게 궁금해요

• 학부모의 개인 회식으로 영아의 하원을 늦추는 경우가 빈번할 때 교사는 어떻게 대응해야 하는가?

💡 이렇게 해결해요

• 영유아교육기관의 대응 방안

① 학부모에게 영아가 늦은 시간까지 혼자 남아 있는 것에 대해 불안감이 형성될

수 있음을 안내한다.

② 교사에게도 복무규정이 있고, 정해진 근무 시간이 있음을 안내하며 협조를 요청한다.

③ 하원이 늦어지면 어린이집 운영에도 지장을 초래할 수 있으므로 학부모의 협조를 요청한다.

✎ 해결의 Tip 및 참고 사항

- 등하원 도우미 안내

「아이돌봄 지원법」에 따라 등하원 돌봄은 전담 아이돌보미가 어린이집, 유치원, 보육시설 등 등원(7~10시, 3시간) 시간 전후에 식사나 준비물을 챙겨 주고, 하원(16~20시, 4시간) 시간 전후 양육자가 귀가할 때까지 아이를 돌보는 서비스이다. 아이돌봄서비스(www.idolbom.go.kr)에 접속하여 신청한다.

교육활동 침해 사례 30

○○이랑은 사진 찍지 말아 주세요

🔖 어떻게 해야 할까요?

유치원에서는 다양한 놀이가 진행되고 있다. 유아들의 놀이 장면과 놀이를 통한 활동의 변화 과정을 사진으로 촬영하여 '놀이 이야기'를 작성하고, 각 가정에 배부하였다. 가정으로 배부된 놀이 이야기의 유아 놀이 사진을 보고 유아 K의 학부모가 유치원으로 연락하였다. "선생님 우리 K는 ○○이랑 같이 사진 찍지 말아 주세요. 우리 K가 ○○이보다 작은 것 같아요."라고 요구하였다. 교사로서 학부모의 이러한 요구까지 들어주어야 하는지 황당했고, K 어머니의 요구를 들어주려면 놀이 과정에서 유아들을 각각 분리해서 촬영해야 하는 상황이 부담스러웠다.

C 유치원 사례

☑ 이런 게 궁금해요

• 교육권을 침해하는 학부모의 지나친 요구에 교사는 어떻게 대응해야 하는가?
• 교육권을 침해하는 학부모의 지나친 요구에 영유아교육기관에서는 어떻게 대응해야 하는가?

💡 이렇게 해결해요

1. 교사의 대응 방안

① 학부모가 요구하는 사항에 대해 의미를 파악한다.

② 다양한 놀이를 통하여 또래 간 신체적 차이가 있을 수 있으며, 사람의 생김새, 성격 등이 서로 다르다는 것을 인식하도록 유아를 지도한다.

③ 유아들이 놀이를 할 때 학부모의 요구로 놀이를 제한하거나 아이들을 공간적으로 분리할 수 없음을 상담을 통하여 안내한다.

2. 영유아교육기관의 대응 방안

① 오리엔테이션을 통해 다수의 유아를 보육하는 교사를 위해 학부모가 협조해야 할 사항에 대해 안내한다.

② 학부모가 교육활동에 부당하게 간섭을 하거나 제한하는 행위는 교사의 자율적 교육권에 대한 침해이며, 안정적인 보육을 저해하는 일임을 부모교육을 통해 안내하고 협조를 구한다(4장 3. 유치원 교사의 법적 지위와 교권 참고).

✏️ 해결의 Tip 및 참고 사항

• 부모가 자녀를 다른 아이와 비교하는 이유

① 비교 효과에 대한 잘못된 믿음

"너는 왜 ○○만큼 ○○○를 못하는 거야?"

② 자녀에 대한 잘못된 기대

"부모님은 나보다 ○○를 더 사랑해."

"나는 ○○○보다 공부도 못하잖아."

"다들 나를 싫어해(미워해)."

출처 : 8~13세 자녀를 둔 부모님을 위한 자녀교육 가이드

: 부모가 주고 싶은 사랑, 자녀가 받고 싶은 사랑, 국가평생교육진흥원

교육활동 침해 사례 31

아직 전염병 증세가 없는 둘째는 등원할게요

🔍 어떻게 해야 할까요?

어린이집에 만 3세와 만 1세 형제가 다니는데, 만 3세인 유아 A가 수두에 걸렸다. 학부모는 아침 등원 시 현관에서 "만 1세 동생은 수두 증상이 없으니 등원해도 괜찮죠? 제가 출근해야 해서요."라며 담임교사에게 동생을 등원시켜야 한다고 주장하였다. 담임교사는 동생도 피부로 나타나지 않았지만 수두 잠복기이므로 가정보육을 해야 한다고 이야기하였다. 학부모는 "동생은 수두 증상이 전혀 없는데 맞벌이가정에 너무 인색하시네요."라고 담임교사에게 화를 내며 동생을 데리고 갔다. 오후에 원장에게 전화하여 "동생반 학급에 원아가 1명만 등원해 교사가 놀면서 형이 수두에 걸렸다는 이유만으로 동생의 등원을 막았다."고 항의하였다.

C 어린이집 사례

☑️ 이런 게 궁금해요

- 형이 수두에 걸렸지만 동생은 등원해도 된다고 주장하는 학부모에 대해 교사는 어떻게 대응해야 하는가?

💡 이렇게 해결해요

• 영유아교육기관의 대응 방안

① 어린이집 운영 안내 책자, 오리엔테이션 자료, 가정통신문 등을 통하여 휴원을 요하는 전염병에 대하여 안내한다.

② 전염병에 걸렸을 경우 가정보육을 실시하고, 어린이집에 등원할 때는 반드시 의사의 소견서를 발급받아 등원해야 한다고 안내한다.

③ 한 가정에 2명 이상의 자녀가 어린이집에 다니는 경우 한 명이 전염병에 감염되면 형제 모두 가정보육을 하여 전염병 확산 방지에 협조해야 함을 안내한다.

✏️ 해결의 Tip 및 참고 사항

• 휴원을 요하는 감염병에 대한 안내

① 어린이집의 장은 보육 아동 또는 보육 교직원에게 식중독 및 감염병으로 의심되는 증상 발견 시 즉시 시·군·구청장에게 보고하되, 「감염병의 예방 및 관리에 관한 법률」에 따른 감염병의 경우에는 보건소에도 신고해야 한다.

② 보고받은 시·군·구에서는 보건소 등 유관 부서와 긴밀히 연락하여 「식품위생법」 제86조 및 「감염병의 예방 및 관리에 관한 법률」 제12조에 따른 신고가 원활히 될 수 있도록 한다.

※ 시·군·구 보고 대상 감염병 : 수족구병, 풍진, 유행성결막염, 인플루엔자(유행성독감), 장염, 홍역, 유행성이하선염(볼거리), 전염성농가진, 수두, 무균성수막염, 결핵, 성홍열, 기타 감염병

출처 : 2024년 보육사업안내

아침에 기저귀 못 갈았어요! 기저귀 좀 갈아 주세요

🤔 어떻게 해야 할까요?

등원 시간에 학부모가 "아침에 우리 K 기저귀를 못 갈았어요. 기저귀 좀 갈아 주세요."라고 말하면서 교사에게 영아 K를 인계했다. K를 안고 보육실로 돌아온 교사는 기저귀를 갈아 주려고 착용한 기저귀를 벗겼다. 기저귀를 벗기자 기저귀가 푹 젖어 있어 무거웠고, 냄새도 많이 났다. 무엇보다 K 엉덩이에 기저귀 발진이 있었다. 교사는 K의 엉덩이를 물로 닦고 기저귀 발진 연고를 바르고 팬티를 입혔다. 수시로 K의 엉덩이를 살피고 기저귀 발진이 좀 가라앉은 것을 확인하고 기저귀를 채워 주었다. 하원 후 K의 학부모가 어린이집으로 전화해서 "선생님이 기저귀를 제때 안 갈아 줘서 우리 아이가 기저귀 발진이 생겼잖아요."라고 항의하였다. 정말 황당하고 어처구니가 없었다.

E 어린이집 사례

☑ 이런 게 궁금해요

- 가정에서 밤새 기저귀를 갈아 주지 않아 생긴 기저귀 발진을 교사에게 항의하는 학부모에 대해 어떻게 대응해야 하는가?

💡 이렇게 해결해요

• 영유아교육기관의 대응 방안

① 교사는 학부모의 감정적인 언행에 동요되지 말고 학부모의 이야기를 듣는다.

② 영아의 기저귀 발진 시기에 대하여 학부모와 함께 생각해 본다.

③ 날씨가 덥고 습한 계절이 되면 기저귀 발진이 자주 일어날 수 있다는 것과 기저귀 발진 시 대응 방법에 대하여 공유한다.

④ 가정통신문, 부모교육 자료를 이용하여 학부모에게 기저귀 발진에 대해 공지한다.

✏️ 해결의 Tip 및 참고 사항

• 영아기 기저귀 발진 치료 방법

① 젖은 기저귀를 가급적 신속하게 갈아 준다.

② 기저귀를 갈 때는 아기 엉덩이를 마른 수건으로만 닦을 것이 아니라 따뜻한 물에 적신 부드러운 수건으로 깨끗이 닦은 다음 마른 면 수건으로 가볍게 두드려 말려 준다.

③ 증상이 심할 경우에는 기저귀를 벗겨 놓고 통풍이 잘되게 하고, 충분히 말린 후에 갈아 주는 것이 좋다.

④ 기저귀를 자주 갈아 주고 자주 씻겨 주는 것이 가장 중요하지만, 이미 짓무른 후에는 덱스판테놀이나 산화아연 성분이 포함된 연고를 사용한다.

⑤ 기저귀 발진이 3일 이상 지속되면 병원에 내원하는 것이 매우 중요하다.

출처 : 보건복지부 공식 블로그

선크림은 30분마다 닦고
다시 발라 주시는 거죠?

🖋 어떻게 해야 할까요?

만 2세반 영아들의 숲 체험이 있는 날이다. 영아 P의 스마트 알림장에 "오늘 숲 체험
이 있네요. 밖에 나가기 전에 우리 P 선크림 발라 주세요."라는 내용이 올라왔다. 어
린이집에서 숲 체험 장소로 출발하기 전 P에게 선크림을 발라 주고 출발했다. 낮잠
시간에 스마트 알림장에 숲 활동 사진과 관찰기록을 업로드했는데 "우리 P 얼굴이
많이 탔네요. 선크림 얼굴만 발라 주셨나요? 팔이랑 손도 발라 주세요."라고 댓글이
올라왔다. 며칠 후 스마트 알림장에 산책 사진을 업로드했는데 "선생님, 우리 P 얼굴
이 검게 탔네요. 30분 단위로 선크림 닦고 다시 발라 주신 거 맞나요?"라고 댓글이
올라왔다.

C 어린이집 사례

☑ 이런 게 궁금해요

- 선크림을 30분 단위로 닦고 다시 발라 달라는 학부모의 요구에 교사는 어떻게 대
  응해야 하는가?

💡 이렇게 해결해요

- 교사의 대응 방안
① 해당 상황의 경우 스마트 알림장으로 소통하기보다는 전화나 방문 상담으로 진
   행한다.
② 학부모와 이야기를 나누고 싶은 생각을 정리한다.

- 선크림의 필요성에 대해 인지하고 있음.
- P만 선크림을 바르는 것이 아니라 다수의 학부모가 외부 활동 전 선크림을 발라 달라고 요구하고 있는 상황
- 외부에서 선크림을 발라 주다가 다른 아이들을 챙기지 못해 안전사고가 발생할 수 있음.

③ 교사의 어려움을 학부모에게 안내하고 대안을 함께 찾아본다.
- P가 만 2세이기 때문에 외부 활동 진행 전 선크림을 스스로 발라 볼 수 있도록 지도하고 교사가 마무리해 줌.
- 외부 활동이 1시간 30분 이내 진행되기 때문에 지속 효과가 좋은 선크림 사용을 제안

🖊 해결의 Tip 및 참고 사항

• 자외선 차단 크림

① SPF(Sun Protection Factor, 자외선 차단지수) : 자외선 중 UVB를 차단해 주는 정도를 뜻하며, 자외선 양이 1일 때 SPF50 차단제를 바르면 피부에 닿는 자외선 양이 50분의 1(2%)로 줄어든다는 의미

② PFA(Paprotection grade of UVA) : UVA 차단지수 PFA를 +의 개수로 나타낸 등급. 자외선 중 가시광선에 인접해 있어 파장이 길고 피부 깊숙이 침투하여 주름, 기미, 주근깨 등 피부 노화와 색소 침착을 일으키는 UVA를 차단해 주는 정도를 표시하며 + 기호의 개수가 늘어날 때마다 차단력이 최소한 2배씩 증가한다.

출처 : 나무위키

유치원에서 유아의 옷이 찢어졌어요.
보상이 가능한가요?

❓ 어떻게 해야 할까요?

등원하자마자 유아 A가 자기가 입고 온 겉옷을 스스로 옷걸이에 걸고 있는데 유아 B의 발에 밟혀 옷이 찢어지는 상황이 발생하였다. 학부모는 속상한 목소리로 교사에게 "선생님 비싼 A의 옷이 유치원에서 찢어져 와서 정말 속상하네요. 우리 아이 실수도 아니고, 다른 아이 실수로 찢어졌다고 하는데 유치원에서 일어난 파손이잖아요? 그러니 보상을 해 주실 수 있을까요?"라고 이야기하였다.

P 유치원 사례

☑ 이런 게 궁금해요

- 교육활동 중 발생한 유아의 개인 물품 파손 사고도 보상이 가능한가?
- 교육활동 중 유아 개인 물품 활용 및 관리는 어떻게 해야 하는가?

💡 이렇게 해결해요

● 영유아교육기관의 대응 방안

학교배상책임공제는 교육활동과 관련한 사고로 인한 유아, 교직원, 교육활동 참여
자 등의 생명과 신체에 대한 피해를 보상하는 제도이기 때문에 유아의 개인 물품 파
손 사고는 보상하지 않음을 학부모에게 자세히 안내한다.

✏️ 해결의 Tip 및 참고 사항

● 교육기관에서의 유아 개인 물품 관리법

① 유아의 개인 물건에 이름을 쓴다.

② 활동하기 편안한 옷을 입고 등원하도록 가정에 사전 공지한다.

③ 자기 전에 유아와 내일 입을 옷을 미리 골라 놓는다.

④ 신고 벗기 편한 신발을 신는다.

⑤ 물병은 뚜껑을 열고 닫기가 쉬운 것을 준비한다.

⑥ 치약, 칫솔은 유아가 좋아하는 것으로 준비한다.

화장실에서 다른 아이가
우리 아이 성기를 만졌어요

❓ 어떻게 해야 할까요?

유아 B가 귀가 후 어머니에게 방과후 과정반 화장실에서 있었던 상황을 이야기하였다. B(여아)가 소변을 보는데 S(남아)가 B(여아)의 성기를 만지고 "냄새나."라고 하였다고 한다. B의 어머니가 다음 날 학부모 2명과 함께 유치원에 방문하여 상황을 이야기하였다. B의 어머니는 화장실에 CCTV 설치, S와 방과후 과정반 분리를 요구하였다. S의 어머니는 확인되지 않은 사실임에도 불구하고 다른 학부모와 함께 유치원에 찾아온 것에 대한 사과를 요구하였다. 학부모 간의 분쟁으로 이어지며, 여아 쪽에서 '원생 폭력에 대한 재발 방지 대책 수립 촉구'라는 내용증명서를 유치원에 보냈다.

C 유치원 사례

☑ 이런 게 궁금해요

• 담임교사는 이 상황에 대해 어떻게 대응해야 하는가?

• 영유아교육기관에서는 학부모가 보낸 내용증명서에 대해 어떻게 대응해야 하는가?

💡 이렇게 해결해요

1. 영유아교육기관의 대응 방안

① 학부모와 방과후 강사와의 면담을 통해 평소 화장실 사용은 남아와 여아가 따로, 상시 강사가 동반하고 있음을 알려 준다.

② 학부모가 방문하여 화장실에 유아가 앉아 있는 상태에서는 안쪽으로 열리는 문 구조상 남아가 여아를 만지기 어렵다는 사실을 확인시킨다.

③ 화장실 CCTV 설치 요구에 따라 전 교직원 및 학부모 설문조사를 진행했지만 반대 의견이 있어 설치에 어려움이 있음을 알린다.

2. 학부모 내용증명서에 대한 대응 방안

① 내용증명서 답변 자료 작성 시 시교육청 법률자문단의 자문을 참고한다.

② 공식 사과문 게시는 내용만으로도 상대를 유출할 수 있어 제2의 피해자가 생길 수 있기에 공식 사과는 할 수 없음을 통보한다.

③ 재발 방지 대책을 위해 안전교육 연간 계획 중 성교육에 대한 계획 및 실행 방법 을 수립하여 대책을 마련하였음을 알린다.

✏️ 해결의 Tip 및 참고 사항

• CCTV 설치 관련

어린이집은 「영유아보육법」 제15조의4에 따라 CCTV를 의무 설치하고, 유치원은 설치 의무가 아닌 전 교직원 및 학부모 동의하에 설치할 수 있다.

가정통신문을 다국어 번역 서비스로 받고 싶어요

🔍 어떻게 해야 할까요?

다문화가정 유아 A의 어머니는 한국어의 사용이 능숙하지 않다. 가정통신문이 한국어로 되어 있다 보니 가정통신문 내용을 읽고 숙지한다는 것은 결코 쉽지가 않다. A의 어머니는 모국의 언어로 된 가정통신문을 제공받을 수 있는지 유치원에 문의하였다.

Q 유치원 사례

☑ 이런 게 궁금해요

• 다문화가정의 학부모에게 번역한 가정통신문을 제공하기 위해 어떤 기관의 도움을 받을 수 있는가?

• 다국어 번역 서비스를 이용하기 위해 어떠한 방법과 절차가 필요한가?

💡 이렇게 해결해요

1. 다국어 번역 서비스 이용 가능 여부

유치원과 다문화가정 학부모 간 의사소통 개선을 위한 사안이므로 '온라인 다국어 번역 서비스'를 이용할 수 있다.

2. 다국어 번역 서비스 방법과 절차

① 교원서비스 자동번역 : 원문 작성(한국어) → 원문 자동번역(다국어), QR코드 자동생성 → 원문에 QR코드나 웹주소 탑재

② 교원서비스 수동번역 : 원문 작성(한국어) → 원문 자동번역(다국어), QR코드 자동생성 → 수동번역 지원 요청 → 수동번역(다문화 언어강사) → 원문에 QR코드나 웹주소 탑재

③ 학생, 학부모 서비스 이용 절차 : 가정통신문이나 안내 자료 수신 → QR코드 스캔이나 웹주소를 이용해 번역문 주소 접근 → 번역문 보기

✏️ 해결의 Tip 및 참고 사항

• 인천광역시교육청 다문화교육지원센터 온라인 다국어 번역 서비스 안내

인천광역시교육청
다문화교육지원센터

등하원 시 유치원 내에 주정차를 하고 싶어요

어떻게 해야 할까요?

유치원 내 주정차 공간이 협소하고, 주정차 공간이 유아들이 통행하는 정문 근처라 안전상의 이유로 유치원 내 주정차가 불가하다는 것을 가정통신문을 통하여 여러 차례 안내하였다. 유아 B의 학부모는 자차를 이용하여 유아를 등하원시키는데, 편하다는 이유로 유치원 내에 주정차하여 다른 유아들의 등하원에 많은 불편함을 주고 있다. 교사들은 유아들의 안전사고 발생을 걱정하며 등하원 지도를 하였다.

L 유치원 사례

이런 게 궁금해요

- 등하원 시 차량 통제에 협조하지 않는 학부모는 어떻게 대응해야 하는가?
- 어린이보호구역의 지정 기준은 어떻게 되나?

이렇게 해결해요

- 영유아교육기관의 대응 방안

① 모든 차의 운전자는 어린이보호구역으로 지정된 곳에서는 정차하거나 주차해서는 안 된다는 것을 학부모에게 안내한다.

② 유아들의 안전한 등하원 지도를 위해 학부모의 유치원 내 주정차는 불가함을 안내한다.

③ 등하원 시간에는 유치원 내 교직원이 업무분장하여 유아들이 안전하게 생활할 수 있도록 한다.

④ 자차로 등하원하는 유아 지도는 업무분장을 추가 편성하여 실시한다.

✎ 해결의 Tip 및 참고 사항

1. 어린이보호구역

초등학교, 유치원, 특수학교 및 100인 이상 보육시설, 학원 등 주 출입문을 중심으로 300미터 이내 도로 중 일정 구간을 어린이보호구역으로 지정한 것이다. 어린이 교통사고 예방 및 안전한 통학로 확보를 위한 사항으로 「도로교통법」 제12조에서 지정한 사항이다.

2. 어린이보호구역에서 위반 시 벌금

승합자동차 등 13만 원, 승용자동차 등 12만 원, 이륜자동차 등 9만 원, 자전거 등 6만 원

3. 관련 법령 또는 근거 규정

「도로교통법」 제32조(정차 및 주차의 금지)

교육활동 침해 사례 38

동성 또래 간 성희롱 사건, 어떻게 해야 하나요?

🔍 어떻게 해야 할까요?

유아들이 화장실을 이용하던 중 유아 A(남아)가 자신의 성기와 유아 B(남아)의 성기를 비교하고 있었다. 하원 후 유아 B가 화장실에서 있었던 상황을 부모에게 이야기했고, 이 이야기를 들은 B의 학부모는 B가 성희롱을 당했다고 주장하며 유아 A의 학부모에게 사과받기를 요구하였다. 뿐만 아니라 유치원에 이 사건과 관련하여 실질적인 해결책도 요구하였다.

W 유치원 사례

✔️ 이런 게 궁금해요

- 유치원 내 성희롱 사건 발생 시 어떻게 대응해야 하는가?
- 유아 동성 또래 간에도 성희롱이 적용되나?

💡 이렇게 해결해요

- 영유아교육기관의 대응 방안

① 성과 관련된 문제가 발생하면 사안에 대한 즉각적인 진술서를 확보한다.

② 관리자(원장, 원감)에게 보고하고 일어난 사안에 대한 내부 결재를 한다.

③ 교사는 학부모에게 연락해서 일어난 사안에 대해 설명하고, 유치원에서 면담할 수 있는 자리를 마련한다.

- 교사가 직접 본 상황이 아니므로 피해, 가해 유아의 학부모와 연락을 취할 때 편향된 언행을 하지 않는다.

④ 학급 교체를 원하는 경우가 많은데 유치원에서 어려운 점을 설명하고 유치원에서 해결할 수 있는 방안을 모색한다.

– 교사는 유치원 구성원과 함께 민원 사례를 나누고, 화장실 칸막이 등 피해를 예방할 수 있는 시설물을 건의 및 설치, 학부모에게 후속 조치를 안내한다.

⑤ 유아 A의 학부모에게 가정에서의 생활지도를 권고하고, 유아교육진흥원에서 실시하는 유아 상담 및 치료 프로그램을 안내한다.

⑥ 피해 유아의 학부모에게도 유아 상담 및 치료 프로그램의 필요 여부를 확인하고 지원한다.

⑦ 교사가 유아들을 대상으로 성교육을 실시한다.

⑧ 유치원은 교육지원청 또는 유치원 자체 예산으로 유아들을 대상으로 치료 프로그램(미술치료, 놀이치료 등)을 운영할 수 있는지 확인하고 지원한다.

✐ 해결의 Tip 및 참고 사항

1. 관련 법령 또는 근거 규정

①「성폭력범죄의 처벌 등에 관한 특례법」

② 2024 교육활동보호 매뉴얼(인천광역시교육청)

③ 유치원 유아의 성 행동문제 관리·대응 매뉴얼(2020, 교육부)

2. 동성 간 성희롱

성희롱 행위에는 언어적 성희롱, 신체적 성희롱, 시각적 성희롱이 있으며 동성 간에도 인정될 수 있다. 성희롱이 성립하기 위해서는 행위의 내용 및 정도, 계속적인 것인지 등 구체적인 사정을 참작하여 생각해야 한다.

참고 : 2024 교육활동보호 매뉴얼, 인천광역시교육청

선생님 우리 아이 반을 바꿔 주세요

어떻게 해야 할까요?

방과후과정 통합교육 시간에 특수학급 유아 A와 다른 유아들의 갈등이 자주 발생했다. 특수학급 유아 A가 주위에 있는 물건을 밀고 던져서 유아 B와 부딪히는 상황이 계속 반복되었다. 그때마다 교사는 학부모에게 전화로 상황을 설명하고 양해를 구했다. 반복되는 상황에서 유아 B의 학부모는 "선생님 우리 아이 반을 바꿔 주세요."라고 요구하였다.

G 유치원 사례

이런 게 궁금해요

• 특수학급 유아와 다른 유아들의 갈등이 자주 발생할 때 영유아교육기관 차원에서 해결 방안은 무엇인가?

이렇게 해결해요

• 영유아교육기관의 대응 방안

① 학부모의 이야기를 경청하고 속상한 마음에 공감해 준다.

② 학부모에게 상황을 충분히 설명하여 서로의 관점을 이해하도록 한다.

③ 추후 유아 간 갈등을 최소화하기 위한 방안으로 전문가(특수학급 유아 인력 지원)를 참여시켜 의견을 수렴하고 문제를 해결하는 데 도움을 받는다.

④ 학부모에게 도우미로 참여할 수 있는 기회를 제공한다.

⑤ 특수종일제 강사와의 협의를 통해 해결 방법을 모색하고 계획을 수립한다.

⑥ 특수학급 유아와 다른 유아들이 서로 존중하며 상호작용할 수 있도록 지도한다.

🖉 해결의 Tip 및 참고 사항

- 학부모와의 끊임없는 소통을 통해 신뢰감 형성
- 특수종일제 강사와 학부모가 의사소통하고 협력을 강화하여 교육 환경 조성
- 특수종일제 강사와 학부모가 서로의 전문 지식과 경험을 공유하여 프로그램을 함께 활용

속옷 좀 보여 줘

🔎 어떻게 해야 할까요?

유아 A(남아)가 유아 B(여아)에게 속옷을 보여 달라고 반복해서 이야기하여 화장실에서 B가 A에게 속옷을 보여 준 일이 있었다. B가 귀가 후 부모에게 "A가 자꾸 속옷을 보여 달라고 해서 보여 줬어."라고 이야기하였다. B의 학부모는 어린이집에 사실 확인을 위하여 CCTV 열람을 요청하였다.

J 어린이집 사례

☑ 이런 게 궁금해요

- 학부모의 CCTV 열람 요청에 대하여 교사는 어떻게 대응해야 하는가?
- 영유아 성행동 문제 발생 시 교사는 어떻게 대응해야 하는가?

💡 이렇게 해결해요

1. 영유아교육기관의 대응 방안

① 교사는 관리자(원장, 원감)에게 상황을 보고하고, 관리자는 CCTV 자체 열람을
통해 상황을 파악한다.

② 학부모와의 면담을 통해 정확한 상황을 전달한다. 화장실에는 CCTV가 설치되
지 않았음을 안내한다.

③ 면담 진행 후에도 CCTV 열람을 요청하면 열람 순서를 안내한다.

열람 요청		열람 결정 통지		열람
학부모는 〈CCTV 영상물 열람 요청서〉를 작성하여 어린이집에 열람 요청	10일 이내 →	어린이집은 요청된 열람 목적 및 보육 제반 사항 고려 후 결정 사항을 서면으로 통보	최장 7일 →	어린이집 원장과 학부모는 결정된 열람 일시와 장소, 형태에 따라 CCTV 영상 열람
학부모는 〈CCTV 영상물 열람 요청서〉를 작성하여 어린이집에 열람 요청	10일 이내 →	학부모에게 〈CCTV 영상물 열람 등 요청에 대한 결정 통지서〉를 발송 ※ 확인 사항 · 열람 승인 또는 거부 여부 · 열람 형태, 일시 및 장소 · 열람이 거부될 수도 있음.	최장 7일 →	열람을 위한 준비물 : 정당한 열람권 확인을 위한 주민등록증, 가족관계증명서 등 ※ 확인 사항 열람자는 비밀 유지에 대한 서면 작성을 요청받을 수 있음.

※ CCTV 열람 요청 사유

「영유아보육법」 제15조의5 제1항 제1호에 따라 보호자는 어린이집의 원장에 대
하여 보호하고 있는 아동이 학대 또는 안전사고로 신체·정신적 피해를 입었다고 의
심될 경우에는 별지 제6호 서식에 따라 어린이집의 원장에게 직접 영상정보의 원본

또는 사본 등 열람을 요청할 수 있다. 단, 피해 사실이 적시되어 있는 의사소견서를 제출하거나 관계 공무원이 동행하여 즉시 열람을 요청하는 경우에는 그러하지 아니하며, 이 경우에는 즉시 열람할 수 있도록 조치해야 한다.

출처 : 2024년 보육사업안내

2. 영유아교육기관의 영유아 성행동 문제 수준별 관리 대응

성행동 문제 수준별 관리 대응 체계는 판단 기준에 따라 일상적인 수준, 우려할 수준, 위험한 수준으로 구별할 수 있다.

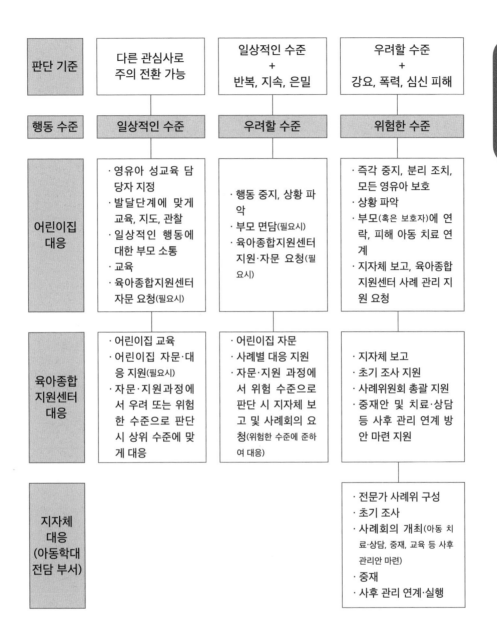

판단 기준	다른 관심사로 주의 전환 가능	일상적인 수준 + 반복, 지속, 은밀	우려할 수준 + 강요, 폭력, 심신 피해
행동 수준	일상적인 수준	우려할 수준	위험한 수준
어린이집 대응	·영유아 성교육 담 당자 지정 ·발달단계에 맞게 교육, 지도, 관찰 ·일상적인 행동에 대한 부모 소통 ·교육 ·육아종합지원센터 자문 요청(필요시)	·행동 중지, 상황 파 악 ·부모 면담(필요시) ·육아종합지원센터 지원·자문 요청(필 요시)	·즉각 중지, 분리 조치, 모든 영유아 보호 ·상황 파악 ·부모(혹은 보호자)에 연 락, 피해 아동 치료 연 계 ·지자체 보고, 육아종합 지원센터 사례 관리 지 원 요청
육아종합 지원센터 대응	·어린이집 교육 ·어린이집 자문·대 응 지원(필요시) ·자문·지원과정에 서 우려 또는 위험 한 수준으로 판단 시 상위 수준에 맞 게 대응	·어린이집 자문 ·사례별 대응 지원 ·자문·지원 과정에 서 위험 수준으로 판단 시 지자체 보 고 및 사례회의 요 청(위험한 수준에 준하 여 대응)	·지자체 보고 ·초기 조사 지원 ·사례위원회 총괄 지원 ·중재안 및 치료·상담 등 사후 관리 연계 방 안 마련 지원
지자체 대응 (아동학대 전담 부서)			·전문가 사례위 구성 ·초기 조사 ·사례회의 개최(아동 치 료·상담, 중재, 교육 등 사후 관리안 마련) ·중재 ·사후 관리 연계·실행

출처 : 어린이집 영유아의 성행동 문제 관리·대응 매뉴얼(2020), 보건복지부,

중앙육아종합지원센터

교육활동 침해 사례 41

기저귀 갈 때 수치심을 느낄 수 있어요

어떻게 해야 할까요?

기저귀 갈이 영역에서 기저귀를 가는데 이 모습을 본 영아 A의 아버지가 "기저귀를 보이는 곳에서 갈면 아이가 수치심을 느끼지 않을까요? 우리 아이는 다른 아이보다 수치심을 더 많이 느낍니다. 우리 아이는 밀폐된 공간에서 갈아 주셨으면 좋겠습니다."라고 요구하였다.

F 어린이집 사례

이런 게 궁금해요

- 우리 아이만 다르게 해 달라는 학부모의 요구에 교사는 어떻게 대응해야 하는가?

이렇게 해결해요

- 교사의 대응 방안

① 공개된 장소에서 기저귀 갈이가 이루어지는 모습에 당황한 학부모의 마음에 공감한다.

② 하루 일과 중 A의 기저귀 갈이 시간에 대하여 학부모에게 안내한다.

③ 기저귀 갈이 영역이 정해져 있고, 정해진 공간에서만 기저귀 갈이가 진행된다

는 것을 학부모에게 안내한다.

④ 만 1세는 발달 특성상 자신의 신체에 관심을 갖는 시기이며 수치심을 느끼는 연령이 아님을 안내한다.

⑤ 부모교육, 소모임을 통하여 또래들의 배변 활동에 대한 사례를 공유한다.

⑥ 영아들의 배변 활동에 대한 부모교육을 진행한다.

✐ 해결의 Tip 및 참고 사항

• 기저귀 갈이 영역 및 기저귀 갈이 방법

① 기저귀 갈이는 한 곳을 정하여 진행한다.

② 가까운 곳에 필요한 물품(물티슈, 기저귀, 소독액 등)을 비치한다.

③ 기저귀 갈이 매트와 교사의 손을 소독한다.

④ 기저귀 갈이 시 교사는 영아와 눈맞춤, 따뜻한 대화, 기분 공감 등을 하여 영아가 편안하게 기저귀 갈이를 할 수 있도록 지지한다.

⑤ 기저귀 갈이 후 기저귀는 밀봉해서 쓰레기통에 버린다.

⑥ 매트를 소독하고, 교사는 손을 물로 씻는다.

노리개 젖꼭지를 계속 물고 있어요

🔍 어떻게 해야 할까요?

어린이집에 등원할 때 노리개 젖꼭지를 물고 등원하는 0세 영아 K가 있다. 어린이
집에서는 되도록 K에게 노리개 젖꼭지를 물리지 않으려고 노력하는데 가정에서는
노리개 젖꼭지를 계속 물고 있다고 한다. 교사는 학부모에게 노리개 젖꼭지를 계속
물고 있으면 구강 건강에 좋지 않으니 가정에서도 노리개 젖꼭지 물리는 횟수를 줄
이는 것을 제안하였다. 학부모가 "노리개 젖꼭지를 물리지 않으면 계속 울어서 아무
것도 할 수 없어요. 그리고 큰애도 노리개 젖꼭지를 계속 물고 있었는데 아무 문제
가 없었어요."라고 주장한다. 교사는 학부모에게 노리개 젖꼭지 사용과 관련한 정보
를 제공하고 싶다.

B 어린이집 사례

☑ 이런 게 궁금해요

• 노리개 젖꼭지에 집착하는 영아에 대한 지도 방법을 학부모에게 어떻게 제공해
  야 하는가?

💡 이렇게 해결해요

• 영유아교육기관의 지도 방안

① 학부모와 긴밀히 협조한다. 가정에서 교육기관과 동일한 기준으로 노리개 젖 꼭지 사용 시간을 줄일 수 있도록 함께 목표를 세우고 실천 가능한 방법을 상의 한다.

② 영아에게 발달에 적합한 흥미 있는 활동을 제공하여 노리개 젖꼭지 찾는 시간 을 줄인다.

− 영아의 발달이나 흥미 수준을 파악하여 영아가 호기심을 느낄 수 있도록 적절하 고 지속적인 자극을 제공한다.

− 교사는 영아가 놀이를 못 찾거나 지루한 시간이 최대한 줄어들도록 놀이를 제안 하고 함께 놀이한다.

출처 : 영유아 문제 행동 지도를 위한 어린이집 보육교사 지침서(2013), 육아정책연구소

✏️ 해결의 Tip 및 참고 사항

• 노리개 젖꼭지에 집착하는 경우

① 학부모 양육 방법의 문제

− 영아가 울거나 보챌 때 무조건 노리개 젖꼭지를 물려 주기 때문이다.

− 습관적으로 입에 물고 있는 노리개 젖꼭지를 빼고 다른 상호작용을 시도하지 않아 집착한다.

② 영아의 발달과 흥미에 적절한 외부 자극 부족

− 영아가 관심을 가질 만한 외부 자극이나 상호작용이 부족하여 빠는 욕구가 다 른 욕구로 전이가 어려운 경우이다.

책을 혼자 읽으라고 하면 어떡해요

어떻게 해야 할까요?

만 3세반 교실에서 교사는 양치를 마친 유아 A에게 언어 영역에서 책을 읽으면서 양치하는 친구들을 기다려 주자고 안내했다. A가 귀가한 후 A의 어머니가 유치원 으로 전화해서 "우리 A는 아직 한글을 잘 모르는데 책을 혼자 읽으라고 하면 어떡 해요. 혼자서 못하는데 혼자 하라고 강요하면 아동학대 아닌가요? 선생님이 앞으로 어떻게 하는지 지켜볼 거예요."라고 말했다. 교사는 예상하지 못했던 학부모의 지적 과 항의에 매우 당황하였다.

D 유치원 사례

이런 게 궁금해요

• 유아의 언어 발달 과정을 모르고 교사를 협박하는 학부모에게 어떻게 대응해야 하는가?

💡 이렇게 해결해요

• 영유아교육기관의 대응 방안

① 교사는 감정에 동요되지 말고 학부모의 요구를 정확하게 파악한다.

② 언어 영역에 비치된 책은 교사가 유아들에게 수시로 읽어 주는 책임을 알 수 있도록 학부모에게 유치원 일과 운영 및 놀이에 대해 충분히 안내한다.

③ 유아의 문해력 발달단계에 대해 부모교육(지면, 강의 등)을 실시한다. 글자를 모르더라도 책에 흥미를 가지고 놀이로 접근할 수 있으며, 상상력으로 그림과 글에 관심을 보이며 즐길 수 있음을 안내한다.

④ 관리자(원장, 원감)는 부모교육을 통해 학부모가 교육활동에 부당하게 간섭을 하거나 제한하는 행위 등은 교사의 자율적 교육권에 대한 침해 행위에 해당됨을 안내한다.

✏️ 해결의 Tip 및 참고 사항

• 그림책 읽기의 중요성

① 그림책을 자주 읽는 유아는 그림책 읽기 그 자체를 즐긴다.

② 그림책 읽기를 통해 아이들은 시각적 사고 능력을 키운다.

③ 그림책 읽기는 유아의 듣기 능력 향상에 도움을 준다.

④ 그림책 읽기는 유아의 논리적 사고력을 길러 준다.

⑤ 그림책 읽기를 통해 유아는 자신감을 키울 수 있다.

⑥ 그림책 읽기는 유아의 언어 능력을 높여 준다.

유아가 선생님을 때려요

🔍 어떻게 해야 할까요?

유아 A가 친구들이 가지고 있던 장난감을 빼앗았다. 유아 B가 유아 A에게 장난감을 빼앗지 말라고 소리 지르는 모습을 보고 교사가 A와 B에게 다가가 상황을 물어보았다. 그러자 유아 A는 교사에게 블록을 던지며 "하지 말라고!" 하고 소리를 질렀다. 교사가 유아 A를 진정시키려 가까이 다가가자 유아 A는 교사의 배를 주먹으로 때렸다. 이때 교사는 임신 중이었다. 지난 2주 전에는 유아 A가 교사의 눈을 때려 안과 진료를 받은 적이 있었다.

K 유치원 사례

✅ 이런 게 궁금해요

- 유아가 교사를 때리는 경우 어떻게 대응해야 하는가?
- 번번이 유아에게 폭행당하는 교사에게 어떻게 지원해야 하는가?

💡 이렇게 해결해요

1. 교사의 대응 방안

① 교사는 공격적인 행동을 했을 때 일어날 수 있는 일에 대해 유아에게 설명하는 별도의 시간을 갖는다.

② 유아의 공격적인 행동에 대해 학부모 면담을 실시하여 유아가 공격적인 행동을 하는 상황과 원인을 파악한다.

③ 면담의 결과를 바탕으로 유아의 공격적인 행동을 줄일 수 있도록 가정과 연계하여 지도한다.

④ 유아의 공격적인 행동이 개선되지 않을 경우 놀이치료 등 아동심리발달 전문가의 도움을 받는다.

2. 교사 지원 방안

① 유아의 폭력에 대해 교사 혼자 해결하려 하지 말고 관리자(원장, 원감)의 도움을 받는다.

② 교사의 상태에 따라 적절한 병원 진료와 휴가 등을 통해 심리적 안정감을 회복할 수 있는 시간을 갖는다.

✏️ 해결의 Tip 및 참고 사항

• 유아가 어른에게 공격적인 행동을 하는 이유

① 어른을 공격하는 행동을 통해 원하는 것을 얻었던 경험이 있기 때문이다.

② 지나친 통제에 따른 유아의 욕구 불만이 공격적 행동으로 표현되기 때문이다.

③ 유아의 공격적인 행동에 대해 어른들이 허용적 태도를 보였기 때문이다.

④ 어른들이 유아의 행동을 제지하는 과정에서 사용한 체벌이 모델링되었기 때문이다.

⑤ 학부모의 과잉 보호, 방임 등을 통해 공격적인 행동이 학습되었기 때문이다.

선생님이 내 발을 몽둥이로 때렸어

🔍 어떻게 해야 할까요?

학부모가 지난 밤 유아 K를 재우는 과정에서 아이에게 들은 이야기를 확인하기 위해 교사에게 전화를 했다. K의 어머니는 "선생님이 우리 아이의 발을 때리는 상황이 있었나요? 어떤 선생님인지 모르겠다고 하는데 K의 발바닥을 때렸다고 하네요."라고 확인을 요구했다. 교사는 K의 어머니와 통화 후 등원한 유아에게 어떤 선생님이 발을 때렸는지, 어디에서 때렸는지, 왜 때렸는지 등을 물어봤으나 K는 잘 모르겠다고 하더니 "음… 애기반 선생님이 몽둥이로 내 발을 때렸어요."라고 한다. 담임교사는 원장에게 이야기하고 CCTV 확인을 요청했는데 어떤 교사도 A의 발을 때리는 상황은 없었다.

K 어린이집 사례

☑ 이런 게 궁금해요

• "선생님이 내 발을 때렸어요."라고 유아가 이야기했지만 사실이 아닌 경우 어떻게 대응해야 하는가?

💡 이렇게 해결해요

• 영유아교육기관의 대응 방안

① 학부모에게 상황을 확인해 보겠다고 이야기하고 학부모의 마음을 진정시킨다.

② 교사는 해당 유아와 이야기를 나누며 선생님이 발을 때렸다고 하는 시간, 장소 등을 파악하여 관리자(원장, 원감)에게 보고한다.

③ 영상정보 관리자인 원장은 CCTV를 열람하여 유아가 이야기한 상황이 있는지 확인한다.

④ 보호자에게 CCTV 열람 결과 교사가 유아의 발을 때리는 상황이 없었음을 안내하고, 만 3~4세 유아는 자신의 생각이 마치 사실인 것처럼 이야기할 수 있는 발달단계임을 안내한다.

✏️ 해결의 Tip 및 참고 사항

1. 유아가 거짓말하는 이유

① 무의식에 의한 거짓말로 현실과 공상을 명확하게 구분하지 못해서이다. 어린 유아들의 고의성이 없는 거짓말로 만 3~4세 유아에게 나타나는 현상이다. 유아가 상상하던 것, 희망하던 것, 현실과 과거, 공간이 다른 상황에서 벌어진 일들이 서로 섞여서 일어나기 때문이다.

② 거짓말을 놀이로 생각하고 그 자체를 즐기기 때문이다.

③ 부모나 교사로부터 관심을 받고 또래의 환심을 받기 위해서이다.

④ 꾸중이나 벌과 같은 두려움과 불안을 피하기 위해서이다.

⑤ 자기를 과시하여 인정받기 위해서이다.

2. 참고 자료

①《왜 거짓말하면 안 되나요?》 (김현, 참돌어린이)

②《거짓말이 찰싹 달라붙었어》 (신순재, 미래엔아이세움)

③《거짓말은 안 돼요!》 (책먹는 아이 편집부, 책먹는아이)

④《거짓말은 무거워!》 (유계영·지경화·윤희동, 휴이넘)

⑤〈또또가 달라졌어요〉 시리즈 (안나 카살리스, 키득키득)

교육활동 침해 사례 46

식품 알레르기가 생겼어요

🤔 어떻게 해야 할까요?

오전 간식으로 딸기가 제공되었다. 딸기를 먹은 유아 A가 손으로 입 주변을 긁기 시작했다. 옆에 앉아서 간식을 먹던 유아 B가 A의 얼굴을 손으로 가리키며 "너 입이 빨게."라고 이야기한다. A의 입 주변이 빨갛게 부어오르기 시작했다. 입학할 때 어린이집에 제출한 식품 알레르기 조사표에는 딸기 알레르기에 대한 내용이 기록되어 있지 않았다.

G 어린이집 사례

☑️ 이런 게 궁금해요

- 유아에게 식품 알레르기 반응이 일어난 경우 영유아교육기관은 어떻게 대응해야 하는가?
- 유아의 식품 알레르기에 대한 책임의 한계는 어디까지인가?

💡 이렇게 해결해요

1. 영유아교육기관의 대응 방안

① 교사는 유아의 상태를 확인하고 유아를 진정시킨다. 가려움, 호흡 곤란 등의 증

상이 일어나는지 확인한다.

② 관리자(원장, 원감)에게 유아의 상태를 보고한다. 유아가 먹은 음식, 음식의 양, 시간, 증상 등을 보고한다.

③ 유아의 상태를 보호자에게 안내한다. 유아가 접해 보지 않았던 음식 또는 접해 봤던 음식도 유아의 건강 상태에 따라 알레르기 반응이 생길 수 있음을 안내한다.

④ 학부모 또는 어린이집에서 유아를 병원으로 데려가서 진료를 받는다. 보호자가 경미한 증상이라 여겨 병원 진료를 희망하지 않더라도 학부모를 설득하여 병원 진료를 꼭 진행하도록 한다.

⑤ 어린이집 모든 원아들의 알레르기 식품에 관한 정보를 보육 교직원과 공유한다.

※ 기저질환(식품 알레르기)으로 진료를 받은 경우 어린이집안전공제회 진료비 청구에서 제외된다.

2. 식품 알레르기에 대한 책임 한계

입소 시 '부모 동의 조사서 내 식품에 대한 알레르기 조사표'를 작성하여 어린이집에 제출하고, 식품 알레르기가 있는 경우 어린이집에서 대체 식을 제공한다. 식품 알레르기 여부를 알리지 않아 발생한 사고에 대해서는 어린이집에서 책임을 지지 않음을 공지한다.

🖉 해결의 Tip 및 참고 사항

• 돌 전에 주의해야 하는 음식(식품 알레르기 유발)

생우유, 벌꿀, 복숭아, 키위, 고등어, 땅콩, 달걀, 딸기 등

코에 이물질이 들어갔어요

🔍 어떻게 해야 할까요?

교실에서 자유 놀이를 하던 중 유아 A가 코에 이물질(폼폼)이 들어갔다며 놀라서 우는 일이 발생하였다. 만 5세인 A는 폼폼이를 가지고 놀다가 코에 들어갔다고 이야기하였다. 라이트를 이용해 코 안을 살펴보니 초입에 노란색 폼폼이가 보였다. 폼폼이를 제거하려다 폼폼이가 코 안으로 더 들어갈 수 있어 반대편 코를 막고 코를 풀어보게 하는 방법으로 폼폼이를 제거하였다.

U 유치원 사례

☑ 이런 게 궁금해요

- 이물질이 코에 들어간 경우 어떻게 제거해야 하는가?
- 놀잇감 폼폼이의 안전한 사용 방법은 무엇인가?

💡 이렇게 해결해요

- 영유아교육기관의 대응 방안

① 유아를 진정시키고 상황을 신속히 파악한다. 이물질이 코에 들어갔다는 것을 인식한 유아가 공포와 불안감을 느낄 수 있으므로 최대한 진정시키고 코에 들

어간 것이 무엇인지, 어떻게 들어가게 되었는지 상황을 파악한다.

② 이물질이 들어간 반대쪽 코를 막고 유아가 코를 풀어서 이물질이 나오도록 한다. 그러나 어린 유아는 코를 풀기보다 들이마실 수 있으므로 주의해야 한다.

※ 영아의 코나 귀에 이물질이 들어간 경우 교사가 이물질을 제거하려 하지 말고 반드시 이비인후과를 방문하여 제거한다.

③ 학부모에게 상황을 객관적이고 정확하게 설명한다.

🖉 해결의 Tip 및 참고 사항

• 놀잇감의 안전한 사용에 대한 교육 실시

① 폼폼이는 천 재질의 부드러운 볼 형태의 꾸미기 재료이다. 날카롭거나 뾰족한 교구는 아니지만 이번 상황처럼 코나 입, 귀 등에 흡입할 경우가 있어 유아에게 안전하게 사용하는 방법에 대해 교육할 필요가 있다.

② 폼폼이가 코에 들어갔을 때는 절대 손가락이나 젓가락으로 쑤시면 안 된다. 밖에서 미는 힘은 오히려 이물질을 더 깊숙이 들어가게 하고 상처가 나서 코 점막이 다칠 수 있다.

교육활동 침해 사례 48

고기반찬이 아니면 뱉거나 토해요

어떻게 해야 할까요?

만 2세 영아 A는 점심시간에 고기 이외의 반찬은 먹지 않는다. 특히 나물 종류의 반찬이 나오면 먹으려는 시도조차 하지 않거나, 시도하다가도 그대로 뱉어 버린다. 숟가락에 나물이 보이지 않게 고기 밑에 가려서 주어도 몇 번 씹어 보고 입 안에서 다른 식감이 느껴지면 바로 뱉어 버린다. 교사의 권유로 어쩔 수 없이 몇 번 씹고는 헛구역질을 하거나 토하는 경우도 있었다. 영아 A의 학부모는 "A가 집에서는 밥을 잘 먹는데 왜 어린이집에서는 편식이 심할까요?"라고 하기에 어떤 음식을 잘 먹냐고 물어보니 "밥, 김, 돈까스 정말 잘 먹어요."라고 한다.

E 어린이집 사례

이런 게 궁금해요

- 영유아교육기관에서 편식이 심한 영아에 대한 지도 방법은 무엇인가?
- 영아에게 채소를 먹일 수 있는 방법은 무엇인가?

💡 이렇게 해결해요

● 영유아교육기관의 지도 방안

① 영아가 고기 반찬만 먹으려 하는 원인을 파악한다.

② 영아가 먹지 않는 음식의 종류와 조리 방법 등에 대해 상세히 관찰한다.

③ 억지로 음식을 먹이면 영아가 음식에 대한 거부감이 커질 수 있으므로 대체할 수 있는 다른 음식을 시도하거나 조리 방법을 바꾸어 영아가 먹는 것을 시도할 수 있도록 도와 준다.

④ 제철에 나는 채소와 과일을 맛볼 수 있는 요리 활동이나 맛보기 활동을 진행한다.

⑤ 편식에 도움이 될 수 있는 동화, 노래, 동영상 등을 영아가 경험할 수 있도록 한다.

⑥ 가정과 협력하며 다양한 식재료를 경험할 수 있는 방법을 알려 준다.

✏️ 해결의 Tip 및 참고 사항

● 푸드브릿지(Food Bridge) 기법

같은 재료로 다양한 음식을 제공하여 싫어하는 음식을 친숙하게 만드는 방법이다. 싫어하는 음식을 좋아하는 데 최소 8번 이상 노출이 필요하다.

구분	내용	예시
1단계	싫어하는 재료를 놀이 도구나 식기로 활용해 시각적으로 친숙하게 만들기	파프리카를 용기로 하여 계란찜 만들기
2단계	재료를 알아볼 수 없게 하되 모양이나 색 등으로 호기심을 자극하기	파프리카로 만든 칼국수
3단계	영아가 거부감을 갖거나 골라내지 않도록 다른 재료와 섞어서 주기	파프리카 고기전
4단계	셰이크나 셔벗 등으로 만들어 재료 본연의 맛을 느낄 수 있도록 하기	파프리카 셰이크

출처 : 영아 행동유형별 지도 사례(2023), 경기도북부육아종합지원센터

아침마다 어린이집 가기 싫다고 핑계를 대요

🔍 어떻게 해야 할까요?

매일 아침 등원 시간에 영아 Q는 "어린이집에 안 들어갈 거야. 엄마랑 같이 있을 거야."라며 울음 섞인 목소리로 어머니에게 매달린다. 그런데 막상 교실에 들어오면 잠시 친구들의 놀이를 탐색하다가 적극적으로 놀이에 참여하여 즐겁게 논다. Q의 어머니는 "왜 어린이집에 가기 싫어하는 걸까요? 아침마다 너무 힘이 드네요."라고 한다.

L 어린이집 사례

☑ 이런 게 궁금해요

● 영유아교육기관에서는 등원 시 우는 영아를 어떻게 지도해야 하는가?

💡 이렇게 해결해요

● 교사의 지도 방안

① 영아가 어린이집에 들어오기 싫어하는 감정에 공감해 준다. "그렇구나~ Q가 어린이집 오기 싫었구나."와 같이 영아의 마음에 공감해 준다.

② 영아가 어린이집에 들어오기 싫어하는 원인을 파악한다. 교사 혼자 원인을 파

악하려 하기보다는 학부모와의 면담을 통해 원인을 파악한다. 어젯밤 늦게 잠자리에 들어 아침에 일어나는 것이 힘든 경우, 어머니 또는 아버지가 휴가인데 아이를 어린이집에 보내는 경우, 친척이 집을 방문한 경우, 아픈 경우, 선생님에게 관심을 받고 싶은 경우 등 원인을 살펴본다.

③ 가정과 연계하여 등원을 거부하는 영아의 문제를 해결하기 위해 노력한다.

✎ 해결의 Tip 및 참고 사항

● 등원이 힘든 영아 행동의 원인

① 변화에 민감한 까다로운 기질을 가진 경우

② 수줍음이 많은 성격으로 많은 아이들이 한 반에 있는 상황이 어색한 경우

③ 적응 프로그램이 충분히 이루어지지 않아 어린이집을 낯설어 하는 경우

④ 불안정 애착이 형성되어 부모의 관심을 받고 싶어 하는 경우

내 보물 상자에 숨겨 두었어요

🔍 어떻게 해야 할까요?

유아 A의 가방에 여러 캐릭터 키링이 달려 있다. 하원 후 A의 어머니가 아이의 가방에 걸어 둔 키링이 모두 없어졌다고 연락이 왔다. 교사는 다음 날 A의 같은 반 아이들 한 명 한 명과 이야기를 나누었는데, 유아 B가 유아 A의 키링이 갖고 싶어서 집에 가져갔고, 가져간 키링은 자기 책상 밑 보물 상자에 넣어 두었다고 한다. B의 어머니에게 전화하여 B의 책상 밑 보물 상자 확인을 부탁했더니 그 속에 키링들이 있었다고 하였다.

K 어린이집 사례

☑ 이런 게 궁금해요

• 친구의 물건을 가져가는 유아를 어떻게 지도해야 하는가?

💡 이렇게 해결해요

• 교사의 지도 방안

① 등원 시 어린이집으로 장난감을 가져오지 않도록 학부모에게 안내한다.

② 각 가정에서 가져온 장난감으로 인해 어린이집에서 발생하는 다양한 상황(다툼,

도벽 등)에 대해 안내한다.

③ 가정에서 가져온 장난감은 가방에 넣은 후 꺼내지 않으며, 다음부터 가져오지
않도록 지도한다.

④ 유아에게 소유의 사회적 규범과 예의에 대해 알려 준다.

✏️ 해결의 Tip 및 참고 사항

1. 친구의 물건을 가져가는 유아 행동의 원인

① 발달상 소유에 대한 개념이 명확하지 않은 경우

② 정서적으로 불안한 유아가 관심을 끌기 위한 경우

③ 욕구가 채워지지 않는 경우

④ 충동이나 욕구를 조절하는 능력이 부족한 경우

2. 친구의 물건을 욕심내고 가져가려는 유아에게 좋은 놀이

시장 놀이, 네임스티커 놀이, 양말 짝 맞추기 놀이 등

어른들과 대화하는 게 편해요

❓ 어떻게 해야 할까요?

인근 공원에서 산책을 하고 있는데 유아 A가 주변에 모르는 어른들이 지나갈 때 먼저 손을 내밀어 "할아버지 안녕하세요. 할머니 반가워요." 하고 악수를 하거나 반갑게 인사를 한다. 반면 또래 친구에게는 먼저 다가가 이야기하거나 능동적으로 놀이에 참여하지 않는다. 혼자 놀이를 즐기거나 교사와 함께 놀이하는 것을 더 선호한다. A의 학부모는 "선생님이 우리 아이와 충분히 놀아 주지 않는 건 아닌가요? 우리 아이 신경 좀 써 주세요."라고 하였다.

R 어린이집 사례

☑ 이런 게 궁금해요

- 또래와 함께하는 놀이에서 즐거움을 느낄 수 있도록 어떻게 지도해야 하는가?

💡 이렇게 해결해요

- 교사의 지도 방안

① 유아의 감정을 이해하고 공감해 준다.

② 유아가 또래와 놀이하는 경험을 제공한다.

– 교사와 단둘이 놀이는 자제한다.

　　– 유아와 또래, 교사가 함께 놀이를 시작하고 놀이가 잘 이루어지면 교사는 참
　　　여자에서 관찰자로 역할을 바꾼다.

③ 교사가 상황을 관찰하며 지속적으로 또래와 놀이할 수 있도록 유도한다.

　　– 친구에게 다가가는 방법

　　– 친구가 거절했을 때 상황을 이해하기

　　– 친구와 갈등을 해결하는 방법

④ 가정에 유아의 놀이 상황에 대해 안내하고, 가정에서도 또래 유아들과 어울릴
　　수 있는 기회를 제공해 줄 것을 권유한다.

Part 2
영유아
지도

✏️ 해결의 Tip 및 참고 사항

● 어른과의 대화가 더 편한 유아 행동의 원인

① 어른들과 놀이를 자주 하여 또래와의 놀이에 흥미가 없는 경우

② 타인에게 관심을 받으려는 경우

③ 듣기보다는 말하는 것이 익숙한 경우

④ 또래보다 훨씬 많은 단어를 알고 있고 인지적으로 발달한 경우

⑤ 인지 발달에 비해 사회성이 발달하지 않은 경우

새치기하지 말고 뒤로 가!

❔ 어떻게 해야 할까요?

등원 후 유아들이 출석 카드에 도장을 찍으려고 줄을 서 있다. 유아 Y가 도장을 찍고 있는 유아 B 바로 뒤에 끼어들었다. 줄을 서 있던 유아들이 Y에게 "야~ 새치기하지 말고 뒤로 가."라고 이야기하자 Y는 "내가 먼저 왔는데?"라고 이야기한다. 유아들이 "빨리 뒤로 가~"라고 하자 안 들리는 척하여 유아들과 갈등 상황이 자주 발생한다. Y 의 학부모는 교사에게 "○○반 친구들이 우리 Y를 따돌리는 건 아닌가요?"라고 이 야기하였다.

H 어린이집 사례

☑ 이런 게 궁금해요

• 규칙을 지키지 않는 유아를 어떻게 지도해야 하는가?

💡 이렇게 해결해요

• 교사의 지도 방안

① 새치기하는 유아를 진정시키고, 진정이 되면 왜 새치기했는지 물어본다.

② 줄을 서 있던 친구들이 왜 화를 냈는지 친구들의 입장에서 생각해 볼 수 있도록 한다.

③ 만약 새치기를 할 수밖에 없었던 상황이 있었다면 새치기 대신 친구들에게 양해를 구하는 방법이 있음을 안내한다.

④ 유아들과 규칙이 왜 필요한지, 어떤 규칙이 있는지 이야기를 나눈다. 규칙이 내면화될 때까지 연습한다.

⑤ 평가 시간에 규칙을 잘 지켰다고 생각하는 친구를 추천하는 활동을 통해 유아들에게 긍정적인 자극이 될 수 있도록 한다.

✏️ 해결의 Tip 및 참고 사항

• 규칙을 지키지 않는 유아 행동의 원인

① 충동성이 자기 통제력보다 큰 경우

② 큰소리로 이야기하고 우기면 허용되는 상황을 반복 경험한 경우

③ 규칙이나 약속에 대한 이해가 부족한 경우

④ 다양한 경험의 부재

Part 2
영유아
지도

갈아입혀 주세요

🔍 어떻게 해야 할까요?

영아 A가 손을 씻던 중 영아 B의 손에 묻어 있던 물방울이 자신의 옷에 튀자 "여기 물 묻었잖아."라고 이야기하며 갈등 상황이 발생하였다. 영아 B가 "미안해."라고 사과하였지만 영아 A는 교사에게 자신의 옷을 보여 주며 "물 묻었어요."라고 말하고는 울음을 보이며 "갈아입혀 주세요."라고 했다. 영아 A는 옷에 물이 조금이라도 묻으면 울면서 갈아입혀 달라 하고, A의 학부모는 "선생님 옷에 물이 묻으면 곧장 갈아입혀 주세요."라고 이야기한다.

L 어린이집 사례

☑ 이런 게 궁금해요

● 옷에 조금이라도 무엇이 묻으면 곧장 갈아입고 싶어 하는 영아를 어떻게 지도해야 하는가?

💡 이렇게 해결해요

• 교사의 대응 방안

① 학부모 상담을 통해 양육자의 양육 태도를 확인한다.

② 관찰, 교사 회의를 통해 영아의 행동과 성향에 대하여 함께 이야기를 나누며 영아의 성향을 이해한다.

③ 옷이 젖어서 불편한 상황이 아니라면 교사가 의도성을 가지고 "옷에 물이 튀어도 괜찮아. 마르면 되잖아." "옷에 흙이 묻어도 괜찮아. 털면 되잖아." "손에 ○○이가 묻어도 괜찮아. 닦으며 되잖아." 등과 같이 무조건 옷을 갈아입지 않아도 된다는 말을 자주 들려준다.

④ 영아의 작은 변화에도 크게 반응하여 스스로 행동 수정이 일어날 수 있도록 한다.

✏️ 해결의 Tip 및 참고 사항

• 영아가 옷에 무엇이 묻었을 때 곧장 갈아입혀 달라고 하는 이유

① 학부모가 강박에 가깝게 꼼꼼하거나 깨끗한 성향인 경우

② 가정에서 지나치게 규칙을 강조하는 경우

③ 손과 옷이 오염되었을 때 그 촉감이 싫은 경우

편식하는 유아 어떻게 할까요?

🎧 어떻게 해야 할까요?

유아 A는 급식 시간에 밥을 먹지 않고 이리지리 돌아다닌다. 교사가 유아 A에게 자리에 앉아서 밥을 먹도록 지도하였다. 그런데 A의 어머니가 어린이집으로 전화하여 "A가 급식을 먹기 싫어하면 먹이지 말라고 했는데, 왜 자꾸 먹이는 건가요?"라고 이야기하였다. 유아 A의 학부모는 급식 이야기만 나오면 짜증스러운 말투로 "먹기 싫어하면 먹이지 마세요!"라고 하였다.

Y 어린이집 사례

☑️ 이런 게 궁금해요

- 편식하는 유아는 어떻게 지도해야 하는가?
- 자녀의 급식(먹는 것)에 예민하게 반응하는 학부모에게 어떻게 대응해야 하는가?

💡 이렇게 해결해요

1. 영유아교육기관의 지도 방안

① 유아에게 강제로 음식을 먹이기보다는 즐거운 식사 환경을 만든다.

② 유아의 영양 섭취에 주의를 기울이되 식사량에 대하여 지나치게 관심을 나타내거나 강요하지 않도록 한다.

③ 유아가 선호하는 음식이나 식품을 선택하기보다는 새로운 음식이나 식품을 접할 수 있는 기회를 제공한다.

④ 다양한 맛과 질감을 경험해 볼 수 있도록 조리법을 개선하고 변화시켜 새롭게 시도해 본다.

2. 영유아교육기관의 대응 방안

① 학부모 면담을 통하여 유아 편식의 원인을 파악한다.

② 음식에 대한 강요는 하지 않지만, 유아의 올바른 식습관 형성을 위해 지도하고 있음을 안내하고 가정의 협조를 요청한다.

✏️ 해결의 Tip 및 참고 사항

• 식습관 지도 시 꼭 해야 하는 것

① 유아가 선호하는 음식과 선호하지 않는 음식이 있음을 이해한다.

② 가정과 연계한다.

③ 교사가 정한 식습관 지도 기준에 융통성을 발휘한다. 유아의 성향과 기질을 파악하고 억지로 먹이지 않는다.

정리 시간만 되면 사라져요

🖋 어떻게 해야 할까요?

유아 M은 놀이 시간에 여러 영역을 돌아다니며 놀이를 한다. 정리를 하기 전 새로운 놀이가 시작되지 않도록 하기 위해 교사가 "5분 후에는 정리할 거예요."라고 이야기 하면 유아 M은 놀이 영역에서 일어나서 화장실로 이동해 손을 씻거나 돌아다닌다. 유아들이 정리 시간을 좋아하지 않지만 유아 M은 정리 시간이 되면 사라지기 때문에 다른 유아들이 "선생님, M이 정리 안 하고 없어졌어요."라고 이야기하기도 하였다. 다음 날 등원 시 K의 학부모는 "선생님 M이 정리를 안 해서 우리 K가 다 정리했다고 하는데 M이 그렇게 정리를 안 하나요?"라고 물었다.

D 어린이집 사례

☑ 이런 게 궁금해요

• 정리 시간이 되면 사라지는 유아는 어떻게 지도해야 하는가?

• 정리를 하지 않으려고 하는 유아는 왜 그럴까?

💡 이렇게 해결해요

• 교사의 지도 방안

① 정리하기 싫어하는 유아 행동의 원인을 파악한다.

② 연령별 특성을 고려하여 정리 정돈을 지도한다.

 – 만 3세 이하의 영유아는 스스로 정리하는 것을 지나치게 강조하기보다 교사
  가 함께 정리하고, 만 4세반 이후는 스스로 정리하도록 지도한다.

 – 정리를 잘하는 유아의 행동을 구체적으로 칭찬하고 격려한다.

 – 정리를 안 하고 돌아다니는 유아에게는 "파란 색깔 블록만 정리해 볼까?" 등
  상호작용으로 정리의 범위를 줄여 주면서 정리를 유도한다.

 – 정리를 쉽게 할 수 있는 환경(이름표 붙여 주기)을 구성한다.

③ 놀이 후 정리가 습관화될 수 있도록 일관성 있게 지도한다.

✏️ 해결의 Tip 및 참고 사항

• 정리를 하지 않는 유아 행동의 원인

① 유아의 개인적 특성

 – 정리 정돈의 필요성을 느끼지 못하는 경우

 – 정리 정돈 환경을 이해하지 못하는 경우

 – 내가 정리하지 않아도 누군가 정리를 해 주는 경우 등

② 교실 환경 구성

 – 너무 많은 놀잇감이 제공되어 정리가 힘든 경우

 – 놀잇감의 특성에 따라 교구장 또는 수납할 수 있는 바구니가 적절하게 갖추어
  져 있지 않는 경우

③ 학부모의 양육 태도

유아 스스로 할 수 있는 일까지 학부모가 대신 해 주어 정리하지 않는 것이 습관화
된 경우

내가 1등 할 거야!

☝ 어떻게 해야 할까요?

만 5세반 유아들이 자유롭게 식사를 진행하고 있다. 유아 D는 친구와 누가 먼저 밥을 다 먹는지 내기하였다. 친구의 식판이 점점 비워지자 유아 D는 당황스러워하였다. 유아 D는 숟가락으로 밥을 크게 떠서 입에 넣은 후 제대로 씹지도 않고 삼켰다. 친구의 식판이 거의 비워지자 "국물도 다 먹어야 하는 거야!"라고 소리치며 울먹인다. 유아 D는 씩씩거리며 "일등이 중요한 게 아니거든!" 하며 울어 버린다. 귀가 후 D의 학부모는 "우리 D가 점심을 너무 빨리 먹어서 배가 아프다고 하는데 선생님도 알고 계신가요?"라고 어린이집으로 연락이 왔다.

F 어린이집 사례

☑ 이런 게 궁금해요

- 승부에 집착하는 유아를 어떻게 지도해야 하는가?
- 놀이를 통한 경쟁성 지도는 어떻게 해야 하는가?

💡 이렇게 해결해요

● 교사의 지도 방안

① 유아의 감정을 수용하고 이해한다. 울고 있는 유아를 안아 주고 또래와의 경쟁에서 좌절한 유아의 마음에 공감해 준다.

② 유아의 행동에 대한 원인을 분석한다. 지는 사람이 약자라고 생각하여 지는 것을 받아들이지 못하는 경우, 패배나 실패를 거듭하거나 일을 해결하지 못할 때 스스로 대응하지 못하고 강한 좌절감 혹은 분노를 느끼는 경우 등이 있다.

③ 유아가 자신의 감정을 인식하고 표현할 수 있는 기회를 제공한다.
   − 그림책을 통해 감정을 이해하고 수용하는 경험의 기회를 갖는다.
   − 감정 표현을 통해 타인이 느끼게 될 감정에 대해 생각해 본다.
   − 다양한 감정을 경험하고 표출할 수 있는 놀이를 제공한다.
   − 게임을 통해 질 때도 있고, 이길 때도 있음을 경험할 수 있게 한다.

✏️ 해결의 Tip 및 참고 사항

● 놀이를 통한 경쟁성 지도

만 4~5세가 되면 경쟁 동기가 강하게 나타나기 때문에 놀이를 통한 경쟁성 지도가 필요하다. "지는 것도 괜찮아."를 말로 표현해 볼 수 있도록 하고, 특별한 기술이나 사고 능력이 요구되는 게임이 아닌 운에 의해 승부가 나는 게임을 통하여 유아의 지나친 경쟁심을 줄일 수 있다.

유치원과 집에서의 모습이 달라요

🔍 어떻게 해야 할까요?

만 5세인 유아 V는 유치원에서 친구들과 놀이를 할 때 "싫어."라는 말을 하지 않는다. 친구들이 놀이를 제안하면 특별한 의견 없이 친구가 하자는 대로 놀이를 한다. 그런데 막상 집에 가면 "○○가 나를 째려봤다.", "□□가 나를 미워해서 같이 놀이 싫다.", "친구들이 나를 좋아하지 않는다."고 짜증을 내며 운다고 한다. 유치원에서와 달리 집에서 V는 짜증이 많고 자주 신경질을 부린다고 한다.

학부모는 수시로 전화를 해서 V가 친구들 때문에 힘들어 한다고 이야기한다. 하지만 유치원에 등원한 V에게 물어보면 친구들과 아무렇지 않다고 한다.

M 유치원 사례

☑ 이런 게 궁금해요

• 유치원과 가정에서의 모습이 다른 유아를 어떻게 지도해야 하는가?

💡 이렇게 해결해요

• 교사의 지도 방안

① 학부모와의 대화를 통하여 가정에서의 모습과 유치원에서의 모습을 공유한다.

② 학부모와 정보를 공유하여 유아의 행동 원인을 분석한다.

　부모의 양육 태도가 지나치게 허용적 / 과잉보호 / 엄격하게 통제 / 폭력적인지 등을 파악한다.

③ 부모교육, 학부모 상담을 통하여 가정에서 유아가 짜증 내거나 우는 모습을 보이면 학부모는 자리를 피하고 유아의 반응에 일일이 대응하지 않도록 안내한다.

④ 유치원에서 유아가 자신의 감정을 적절히 표현하고 갈등 해결 방법을 배울 수 있는 기회를 제공한다.

　예) 말로 표현하기, 편지 쓰기, 비언어적 표현 등

⑤ 유아가 자신의 감정을 표현했을 때 교사는 긍정적으로 지지해 준다.

✏️ 해결의 Tip 및 참고 사항

• 유치원과 가정에서의 모습이 다른 아이의 특성

① 지나치게 허용적인 부모일 경우 유아는 적절한 기준을 몰라 자기 마음대로 하려 하거나, 집 밖에서 자기 마음대로 할 수 없는 현실에 적응하지 못해 집에서 더욱 심통 부리는 아이가 된다.

② 유아가 원하는 것보다는 부모가 원하는 방법대로 양육하려 한다.

③ 과잉보호로 유아에게 스스로 해 볼 수 있는 기회를 주지 않는다.

④ 유아를 엄격하게 통제하고 제한하는 경우 아이 마음속에는 저항심이 가득해져 말을 듣는 척하면서 행동을 지연시키거나 은근히 말을 잘 듣지 않는 수동 공격적인 상태로 성장하게 된다.

선생님! ○○이가 ~했어요

🎧 어떻게 해야 할까요?

유아들이 놀이를 하던 중 유아 G가 풀 뚜껑을 닫지 않고 다른 영역으로 이동하였다. 이 모습을 지켜보던 A는 "선생님 G가 풀 뚜껑을 안 닫고 다른 영역에 가서 놀아요." 라고 이야기했다. G는 "알았어. 정리하면 되잖아." 하고는 풀 뚜껑을 정리한다. 잠시 후 A는 "선생님 R이 교실에서 뛰면 안 되는데 뛰어다녀요."라고 이야기하였다. A는 놀이에 참여하지 않고 다른 유아들의 행동을 지켜보다 교사에게 계속 이른다. A의 학부모는 "선생님 힘드시겠어요. ○○반 친구들이 그렇게 약속을 안 지킨다면서요. 우리 A도 많이 속상해 하더라고요."라고 이야기하였다.

C 어린이집 사례

☑ 이런 게 궁금해요

• 친구들의 행동을 계속 이르는 유아를 어떻게 지도해야 하는가?

💡 이렇게 해결해요

- 교사의 지도 방안

① 유아가 어떤 상황에서 친구들의 행동을 이르는지 관찰한다. 놀이하면서 친구의 행동을 살피는지, 놀이에 참여하지 못하고 다른 친구의 행동을 살피는지 관찰한다.

② 해당 유아에 대한 관찰 내용을 토대로 유아의 행동 원인을 분석한다.

③ 유아가 교사에게 이르기보다는 친구에게 직접 이야기해 보는 연습을 해 본다.

"A가 선생님에게 이야기하면 G의 마음은 어떨까?"

"A가 G에게 어떻게 이야기하는 것이 좋을까?"

④ 가정과 연계하여 유아의 행동이 개선될 수 있도록 지도한다.

Part 2
영유아
지도

✏️ 해결의 Tip 및 참고 사항

- 계속 이르는 유아 행동의 원인

① 바른 행동을 해야 한다는 강박이 있는 경우

② 친구보다 자신이 힘 있는 존재라고 생각하는 경우

③ 교사에게 자신은 규칙을 잘 지키는 아이임을 인식시키고 싶은 경우

④ 교사가 이르는 행동에 반응을 보이며 강화하는 경우

교육활동 침해 사례 59

구경만 할래요

🦻 어떻게 해야 할까요?

'숫자대로 모여라' 게임을 진행하기 위해 "즐겁게 춤을 추다가 그대로 멈춰라!" 하고 노래를 부르며 유아들이 움직이고 있다. 교사가 "선생님이 숫자 카드를 보여 주면 그 숫자만큼 친구들이 모이는 거예요."라고 이야기하는데 유아 A가 움직이지 않고 제자리에 멈춰 서 있다. 교사가 A에게 다가가 "A도 같이 노래에 맞춰 움직여 보자." 라고 제안하자 유아 A는 뒷걸음치며 안 하겠다고 고개를 젓는다. 교사가 다시 한 번 활동에 참여하기를 유도하자 "싫어요."라고 이야기한다. A의 학부모는 스마트 알림 장에 "우리 A가 오늘도 어린이집에서 안 놀았다고 하는데 선생님이 아이들한테 너무 관심이 없으신 것 같아요."라고 글을 남겼다.

K 어린이집 사례

☑️ 이런 게 궁금해요

- 활동에 참여하지 않는 유아를 어떻게 지도해야 하는가?

💡 이렇게 해결해요

• 교사의 지도 방안

① 유아가 활동에 참여하지 않으려고 한다면 왜 그러는지 마음을 헤아려 본다.

② 새로운 활동에 거부감이 있는 유아라면 활동에 참여하도록 강요하기보다 친구들이 활동에 참여하는 모습을 충분히 탐색할 수 있는 시간을 제공한다.

③ 활동 중간중간 유아에게 놀이에 참여하고 싶은지 물어본다.

④ 유아가 놀이에 참여하고 싶다면 언제든 참여할 수 있다는 것을 안내한다. 유아의 성향에 따라 새로운 활동을 탐색하고 참여하는 시간이 상이하고, 탐색 후 자신이 잘할 수 있다는 자신감이 생기기 전 활동이 끝난다면 활동에 참여하지 못할 수도 있다.

✏️ 해결의 Tip 및 참고 사항

• 충분한 탐색 후 놀이나 활동에 참여하는 유아의 특성

① 엄격한 가정환경에서 생활하는 경우

② 부모로부터 과잉보호를 받는 경우

③ 환경 변화에 예민한 경우

④ 실패에 대한 두려움이 큰 경우

교육활동 침해 사례 60

마음대로 되지 않으면 우는 아이

❓ 어떻게 해야 할까요?

유아들이 주사위 게임을 하고 있다. 가위바위보를 해서 이긴 사람 우선으로 순서를 정하고, 순서대로 한 번씩 주사위를 굴려 보고 있다. 유아 A의 차례가 되어 주사위를 던졌는데 다른 친구보다 적은 숫자가 나오자 화를 내며 "이거 아니야! 나 다시 할 거야!"라고 하였다. 유아 J가 "안 돼! 게임 규칙이잖아. 지켜야 돼! 안 돼! 다음에 해!"라고 말하자 큰소리로 울기 시작하였다. A의 학부모는 "우리 A가 친구들 사이에서 말도 못하고 울었다고 하는데 선생님은 뭐하고 계셨나요?"라고 교사를 원망하였다.

D 어린이집 사례

☑ 이런 게 궁금해요

- 본인의 마음대로 되지 않을 때 울며 떼쓰는 아이는 어떻게 지도해야 하는가?

💡 이렇게 해결해요

• 교사의 지도 방안

① 친구들과 갈등 상황이 확장되지 않도록 유아를 분리한다.

② 유아가 계속 울고 있다면 교사는 유아가 울음을 그칠 때까지 기다린다. 기다릴 때 유아를 달래기보다는 반응을 보이지 않고 기다린다.

③ 교사는 유아가 진정되면 다독이며 자신의 감정을 말로 표현해 볼 수 있도록 한다. 말로 표현하는 것을 거부하는 경우 감정카드를 이용하여 자신의 감정을 표현해 보도록 하고, 이 활동이 익숙해지면 말로 표현해 볼 수 있게 이끈다.

④ 다른 유아가 우는 모습을 관찰해 보고 어떤 느낌이 드는지 이야기 나눈다.

✏️ 해결의 Tip 및 참고 사항

• 마음대로 되지 않을 때 우는 유아의 특성

① 울면 양육자가 요구를 들어주는 경우

② 또래와의 놀이 경험이 부족한 경우

③ 게임 규칙을 이해하지 못하는 경우

내가 먼저 하자고 했으니까
내가 시키는 대로 해!

어떻게 해야 할까요?

유아 A가 "우리 엄마 아빠 놀이하자!"라고 먼저 놀이를 제안하였다. 다른 유아들도 그 소리를 듣고는 "나도 그 놀이 같이하고 싶어." "나는 아빠 할래."라고 말했다. 그러자 유아 A는 자주 놀이를 함께했던 유아 B에게 "그럼 너는 아빠해."라고 말하고, 옆에 있던 유아 C에게는 "너는 강아지해."라고 역할을 정해 주었다. 유아 C가 강아지를 하기 싫다고 말하자 유아 A는 "내가 하자고 한 놀이니까 내가 시키는 대로 해야 해."라고 하였다. 다음 날 등원 시 A의 학부모는 "어제 이야기 들었는데 A가 기죽지 않게 하고 싶은 대로 할 수 있도록 선생님이 지켜봐 주세요."라고 요청했다.

L 유치원 사례

이런 게 궁금해요

• 역할놀이를 할 때 친구들에게 역할을 강요하는 유아를 어떻게 지도해야 하는가?

222

💡 이렇게 해결해요

• 교사의 지도 방안

① 역할놀이를 할 때 역할을 정하는 다양한 방법에 대해 유아들과 이야기 나눈다.

　– 놀이를 제안한 유아가 역할을 정하는 방법

　– 또래 유아들과 함께 정하는 방법

② 제시된 상황처럼 놀이를 제안한 유아가 역할을 정하는 방법으로 진행 시 유아들 간 갈등 상황이 반복된다면 또래 놀이에 참여하는 유아들이 함께 역할을 정해 본다.

③ 어떤 역할이 필요한지 생각해 보고, 놀이에 참여하는 유아들이 원하는 역할을 할 수 있도록 지도한다.

④ 역할을 정할 때 선호하는 역할의 경우 한 명으로 인원을 제한하지 않는다. 아빠 역할이 정해졌지만 다른 유아가 아빠를 하고 싶다면 아빠 역할을 2명이 할 수 있도록 하고, 강아지 역할은 블록이나 주변 소품들로 대체할 수 있다.

✏️ 해결의 Tip 및 참고 사항

• 자기 생각을 강요하는 유아 행동의 원인

① 부모나 교사처럼 유아에게 의미 있는 성인의 상호작용 모델링

② 부정적 감정에 대한 경험이 있는 경우

③ 또래와의 놀이 경험이 부족한 경우

교육활동 침해 사례 62

학부모에게 협박당했어요

❓ 어떻게 해야 할까요?

유아 A는 유아 B에게 연필로 긁혀서 이마에 상처가 났다. 교사는 학부모에게 알렸고, 피부과 병원에서 '아물고 난 뒤 레이저 치료를 받아야 한다'는 진단을 받았다. 이에 유아 A의 학부모는 "선생님은 그 시간에 뭐하셨나요?"라고 하면서 "한 번만 더 이런 일이 생기면 교육청, 경찰서에 고발하겠어요."라고 협박하였다. 그 후로도 지속적으로 "선생님 제가 정말 경찰에 신고해야겠어요?"라며 같은 말을 반복하였고, 이에 교사는 교권 침해를 받았다고 생각하여 유치원에 교권보호위원회 개최를 요구하였다.

F 유치원 사례

✔️ 이런 게 궁금해요

- 학부모에게 협박을 받았다고 느꼈을 때 어떻게 대응해야 하는가?
- 교권보호위원회는 어떠한 절차로 진행되는가?

💡 이렇게 해결해요

1. 영유아교육기관의 대응 방안

① 관리자(원장 또는 원감)의 중재하에 교사와 학부모가 갈등을 해결할 수 있도록 면
   담을 한다.

② 관리자, 부장교사 등 교원과 외부 인사를 초빙하여 자체 회의를 통해 진상을 파
   악하고 해결 방안을 모색한다.

2. 교권보호위원회 개최

① 학부모와의 면담으로 원만하게 해결되지 못한 경우 해당 교사로부터 교권보호
   위원회 신청서를 받아서 교육청에 제출한다.

② 학부모에게 교권보호위원회 개최를 안내하고 일정을 공지한다.

③ 절차에 따라 교권보호위원회를 실시하고 결과에 따른다.

📝 해결의 Tip 및 참고 사항

• 교권 침해 대응 참고 자료

① 2024 교육활동보호 매뉴얼, 인천광역시교육청

② 교육활동 침해 예방교육자료(2023), 교육부 외

학부모가 퇴근 후 전화 통화를 요구해요

❓ 어떻게 해야 할까요?

유아 A가 교실에서 혼자 걸어가다가 넘어졌다. 교사는 유아 A의 어머니에게 A가 넘어진 경위를 설명하고 집에서 살펴봐 주길 요청하였다. 유아 A의 어머니가 "6시 이후 통화 가능하니 그때 전화 주세요."라고 하여 교사는 퇴근 시간인 6시 이후 전화를 했고, 학부모는 1시간 이상 유아가 넘어진 것에 대해 교사의 책임을 물으며 추궁하였다. 이후에도 유아 A의 어머니는 교사의 근무 시간에 매일(2주 이상) 전화를 걸어 30분 이상 똑같은 말을 되풀이하며 교사를 원망하였다.

Z 유치원 사례

☑ 이런 게 궁금해요

- 학부모가 퇴근 시간 이후의 통화를 요구하면 어떻게 해야 하는가?
- 근무 시간 내에 매일 통화하며 자녀의 유치원 생활에 대해 이야기해 주기를 바라는 학부모에게 어떻게 대응해야 하는가?

💡 이렇게 해결해요

1. 영유아교육기관의 대응 방안

① 원활한 교육활동이 이루어질 수 있도록 오리엔테이션 또는 부모교육을 통해 유치원 운영 방침을 구체적으로 공지하여 학부모의 이해를 돕는다.

② 교사의 직무 범위, 내용, 방법에 대하여 안내하고, 직무 이외의 일을 요구하지 않도록 교육한다.

③ 교사의 복무 지침을 소개하여 직장인으로서 권리를 지킬 수 있도록 한다.

④ 교사의 퇴근 시간, 상담 통화 가능 시간, 온라인 소통 가능 시간 등을 구체적으로 안내한다.

2. 부모교육 실시

학부모가 교육기관(유치원, 어린이집)을 내 아이뿐만 아니라 모든 아이들을 위한 교육의 장으로 인식하고, 교육공동체 안에서 존중하고 실천할 수 있도록 부모교육을 실시한다.

✏️ 해결의 Tip 및 참고 사항

1. 유치원 교원의 교육활동 보호를 위한 고시

먼저 긴급 사안 여부를 판단하여 긴급 사안이 아닐 경우 「유치원 교원의 교육활동 보호를 위한 고시」 제6조 제6항에 근거하여 근무 시간 이외의 상담은 거부할 수 있음을 학부모에게 알리고 방과후과정 담당자가 처리할 수 있도록 한다.

2. 교권 침해 대응 참고 자료

① 2024 교육활동보호 매뉴얼, 인천광역시교육청

② 교육활동 침해 예방교육자료(2023), 교육부 외

Part 3
안전

교육활동 침해 사례 64

선생님 손톱 좀 보여 주세요

✦ 어떻게 해야 할까요?

등원 시간, 현관 입구가 영아들로 혼잡한 상황이다. 영아 A의 어머니는 큰소리로 담임교사를 찾았다. 담임교사에게 "선생님, 어제 하원 후 A의 얼굴에 상처가 있었어요. 알고 계세요? 지난번에도 얼굴에 상처가 있었고 그때도 선생님이 그런 것 같던데 선생님 손톱 좀 보여 주세요."라고 하였다. 무례한 학부모의 말에 상처를 받았다.

G 어린이집 사례

✔ 이런 게 궁금해요

• 교사는 학부모의 무례한 언행에 어떻게 대응해야 하는가?

💡 이렇게 해결해요

• 영유아교육기관의 대응 방안

① 교사는 어린이집에서 상처가 생길 수 있는 일과를 돌아본다.

② 대면 면담을 통해 학부모가 우려하는 마음에 공감하고, 일과 중 교사가 영아에게 상처를 냈다고 생각하는 이유에 대해 소통의 시간을 갖는다.

③ 관리자(원장, 원감)에게 보고하여 함께 해결 방안을 모색한다.

④ 어린이집과 교사에 대한 신뢰감 형성의 기회를 제공한다. 해당 학부모를 어린

이집 행사 시 보조교사나 도우미로 참여시켜 보육 현장과 유아에 대한 이해를 높일 수 있는 기회를 제공한다.

✎ 해결의 Tip 및 참고 사항

- 보건복지부, 중앙육아종합지원센터 보육교직원 인권 존중 포스터 2종 (부록 6, 부록 7)

상처가 남으면 어떻게 책임지실 거예요?

? 어떻게 해야 할까요?

영아들이 장난감을 가지고 다투다가 영아 A가 영아 B의 손가락을 물었다. A가 무는 모습을 보고 교사가 A와 B를 떼어 내려 했으나 물고 있는 상태에서 떼어 내다 보니 B의 손가락에 쓸림 상처가 생겼다. B의 어머니에게 연락하였고 응급처치 동의서에 작성된 어린이집 지정 병원에서 치료를 받았다. 병원에서 진료 후 상처가 난 손가락에 물이 닿지 않게 관리를 요청하여 어머니에게도 전달하였다. 가정에서 목욕 등으로 상처가 부풀어 올라왔다. 상처를 확인한 어머니가 어린이집으로 전화하여 "선생님, 물리면 피부과에 가야 하는 거 아닌가요? 왜 피부과에 안 가신 거죠? 손가락에 상처가 남으면 어떡해요! 손가락에 상처가 남지 않도록 지속적인 병원 진료와 관리해 주시고, 상처가 남으면 끝까지 책임지세요."라고 하였다.

K 어린이집 사례

☑ 이런 게 궁금해요

• 또래 간의 갈등으로 상처가 났을 때 교사는 어떻게 대응해야 하는가?

💡 이렇게 해결해요

• 교사의 대응 방안

① 대면 면담을 통해 다친 영아 학부모의 속상한 마음에 공감하고, 상처 치유를 위한 어린이집 계획을 구체적으로 안내한다. 어린이집에서는 병원 진료를 지속적으로 진행할 예정임을 안내하고, 상처가 잘 치유될 수 있도록 가정 내에서도 처방에 따른 상처 관리를 요청한다.

② 영아가 왜 무는 행동을 했는지 원인을 파악하여 무는 행동이 일어난 상황에 대해 학부모에게 설명한다.

③ 가정과 연계하여 영아의 무는 행동이 수정될 수 있도록 노력한다.

✏️ 해결의 Tip 및 참고 사항

• 영아의 무는 행동 예방하기

① 교사는 무는 행동이 목격되면 재빠르게 무는 아이를 들어 자리를 옮기거나 떼어 놓는다.

② 무는 행동이 지속적으로 일어날 수 있으므로 관찰에 힘쓴다.

③ 돌 전후의 영아는 이가 나기 시작하며 무언가를 깨물고 싶은 욕구를 느껴 또래를 물거나 물리는 일이 빈번하게 발생하므로 교사는 항상 유의한다.

④ 평소에 잇몸이 간지러워 놀잇감이나 인형을 무는 경우에도 물지 않도록 지도한다. 그리고 치아발육기 등 물어도 되는 것을 제공하여 영아의 욕구를 수용한다.

⑤ 가정에서 어른들이 예쁘다고 입으로 무는 행동을 지양하도록 안내한다.

교육활동 침해 사례 66

A를 퇴소시켜 주세요

⚗ 어떻게 해야 할까요?

영아 A가 영아 B의 얼굴에 상처를 낸 일이 있다. 다음 날 B가 A의 얼굴에 상처를 냈다. B의 어머니는 A의 어머니에게 짧은 편지와 약을 사서 보냈다. 그러나 A가 B에게 상처를 냈을 때는 아무런 조치가 없었다. 이런 이유로 B의 어머니는 감정이 상했고 A의 어머니에게 퇴소를 요구하였다.

Q 어린이집 사례

☑ 이런 게 궁금해요

- 학부모가 본인 자녀와 다툼을 벌인 상대 영아의 퇴소를 요구할 때 교사는 어떻게 대응해야 하는가?

💡 이렇게 해결해요

- 영유아교육기관의 대응 방안

① 교사에게 상대 영아의 퇴소를 요구하는 학부모의 상황을 파악한다. B의 어머니가 A 어머니의 사과를 요구하는 것인지, 아니면 정말 퇴소를 요구하는 것인지 대화를 통해 확인한다.

② 교사는 관리자(원장, 원감)에게 상황을 보고하고 해결 방안에 대하여 함께 논의한다.

③ 관리자는 A의 어머니, B의 어머니와 각각 개별 면담을 가져 서로의 입장을 확인하고, 학부모뿐만 아니라 교사의 입장도 곤란함을 안내한다.

④ 관리자는 부모와 함께 해결 방안을 모색한다.

⑤ 영아들의 다툼 행동에 대한 발달단계의 특징을 안내한다.
   - 친구를 할퀴고 꼬집는 행동은 의사소통 능력이 미숙한 영아가 언어 대신 자기를 보호하기 위해 자주 보이는 공격적 행동이다.
   - 영아의 손톱은 얇아서 날카롭기 때문에 매일 손톱을 짧게 유지하도록 확인한다.

🖉 해결의 Tip 및 참고 사항

● 영아의 손톱 관리 방법

① 영아 전용 손톱깎이, 가위를 사용한다.

② 성장이 빠른 영아의 손톱 발톱은 일주일에 한두 번 깎아 준다.

③ 목욕 후 손톱이 부드러워졌을 때, 잠을 잘 때 깎아 준다.

④ 손톱은 직선으로 깎고 끝만 다듬어 준다. 끝을 다듬어 주지 않으면 날카로워 상처를 낼 수 있다.

내 아이를 때린 아이의 부모에게
사과받고 싶어요

⚘ 어떻게 해야 할까요?

유아들이 자동차를 가지고 놀다가 다툼이 생겨 유아 A가 자동차로 유아 B의 얼굴을
때려 빨갛게 부어올랐다. B의 얼굴 사진을 스마트 알림장에 올리고 B의 어머니와
통화를 했고, B의 어머니는 괜찮다면서 다음부터는 다치지 않게 주의해서 아이를
봐 달라고 하였다. 교사는 유아 A의 학부모에게도 유아 B가 다친 상황과 유아의 상
태에 대해 안내했다. 다음 날 유아 B의 어머니는 유아 A의 학부모로부터 직접 사과
받지 못했다며 "유아 A의 엄마도 A가 B를 때린 것을 알고 있나요? 선생님, A의 엄마
에게 상황 전달은 하신 건가요?"라고 화를 내며 교사를 원망하였다.

Q 유치원 사례

☑ 이런 게 궁금해요

• 다친 아이의 학부모가 사과받기를 원할 때 교사는 어떻게 해야 하는가?

💡 이렇게 해결해요

1. 교사의 대응 방안

① 교사는 학부모의 요구가 무엇인지 파악한다.

② 관리자(원장, 원감)에게 학부모의 요구 사항에 대해 보고하고, 해결 방법을 함께 모색한다.

③ 다친 유아의 학부모가 사과받기를 원한다면 때린 유아의 학부모에게 연락하여 상황을 설명하고 직접 사과하도록 한다. 학부모 간 연락처를 전달할 때는 허락을 받은 후 알려 준다.

2. 영유아교육기관의 대응 방안

부모교육이나 동일 연령 부모 소모임을 통하여 유치원에서 발생할 수 있는 다양한 또래 갈등 사례에 대하여 공유한다.

✏️ 해결의 Tip 및 참고 사항

• 유아의 놀이 중심 하루 일과에 대한 부모교육 실시

① 유아는 지식을 습득하는 존재가 아니라, 주변 환경(또래, 놀잇감, 교사)과 상호작용하면서 자라는 학습의 주체임을 알린다.

② 유아의 놀이 그 자체가 학습인 이유는 개별 유아의 다양성이 살아 있고, 놀이를 통해 개별 유아가 상호 존중하면서 학습할 수 있는 장임을 알린다.

③ 놀이에서 유아는 세상에 대한 지식(수 세기, 글자 읽기, 자연의 특성 등)도 배우지만 살아가는 데 필요한 문제해결력, 의사소통 능력, 타인에 대한 조망, 협력하는 역량 등을 길러 간다는 것을 알린다.

아이가 혼자 놀다가 눈을 다쳤어요

🔮 어떻게 해야 할까요?

교실에서 유아가 혼자 블록 놀이를 하던 중 갑자기 앞으로 고꾸라지면서 자신이 가지고 놀던 블록의 모서리에 눈이 찔렸다. 놀란 교사가 다가가 유아의 상태를 살펴보니 눈동자에 스크래치가 보였다. 학부모에게 연락해 상황을 설명하고 병원 진료를 받아야 할 것 같다고 이야기하였더니 병원에서 만나자고 하면서 "치료비는 어떻게 되는 건가요? 유치원에서 다쳤으니 당연히 유치원에서 내는 거죠?"라고 물었다. 유치원에서 다치면 병원비를 누가 부담하는지 궁금하다고 하였다.

P 유치원 사례

☑️ 이런 게 궁금해요

- 담임교사는 사고 발생 초반에 어떻게 대응해야 하는가?
- 유아의 병원비는 어떻게 처리해야 하는가?
- 후속 처리는 어떻게 해야 하는가?

💡 이렇게 해결해요

• 영유아교육기관의 대응 방안

① 유치원 보건교사나 관리자에게 상황을 알리고 유아의 상태를 확인한다.

② 학부모에게 연락하여 사고 상황과 유아의 상태를 알린다.

③ 학부모가 유치원으로 올 수 있으면 학부모에게 유아를 인계하고, 올 수 없으면 학부모 동의를 얻고 병원으로 후송(보건교사, 관리자, 담임교사 중 1명이 동행)한다.

④ 유아의 상태를 상담 및 진찰 후 병원비와 약값을 결제한다.

※ 병원비와 약값 결제(학부모 카드) 후 관련 서류를 챙겨 학교안전공제회에 청구한다.

✏️ 해결의 Tip 및 참고 사항

• 치료비 청구 방법

학부모가 관련 서류를 유치원에 제출하면 학교안전공제회 홈페이지에서 치료비를 청구한다. 유아 개인의 실비보험이 있다면 학부모가 해당 보험사에 청구할 수 있다(부록 8. 17개 시도 학교안전공제회와 어린이집안전공제회 청구 절차 참고).

※ 학교 또는 학부모는 학생을 치료 후 사고 이후 3년 이내에 공제급여 청구서, 청구인 통장사본, 의료비 영수증 원(사)본, 진단서 원(사)본, 주민등록등본 등을 제출한 후 청구할 수 있다.

자연 체험 활동 중 유아가 벌에 쏘였어요

? 어떻게 해야 할까요?

○○공원에서 유아들과 자연 체험 활동을 진행하고 있었다. 다음 장소로 이동하려고 일어서는데 유아 A가 "벌이다!" 하고 소리를 치면서 팔을 흔들고 다리를 동동거리다가 "악!" 하고 소리를 지르며 울음을 터트렸다. 옆에 있던 친구들이 A가 벌에 쏘였다고 이야기했다. A에게 다가가니 벌은 보이지 않았고, 벌에 쏘였다는 A의 손을 살펴보니 벌침이 보이지 않았다. A는 계속 울고 있고, 주변의 유아들도 겁을 먹었는지 무섭다고 했다.

A 유치원 사례

☑ 이런 게 궁금해요

● 교사는 유아가 벌에 쏘였을 때 어떻게 대응해야 하는가?

● 교육청에 보고해야 하는 안전사고는 어떤 것이 있는가?

💡 이렇게 해결해요

1. 말벌에 쏘였을 때 응급처치

① 추가 피해를 막기 위해 장소를 이동한 후 벌에 쏘인 부위를 확인한다.

② 유아의 피부에 박힌 침이 있는지 확인하고, 박힌 침이 없는 경우 말벌로 판단하여 우선적으로 119에 신고하고, 유아가 정신을 잃지 않도록 유지하면서 119가 도착하면 병원으로 후송한다.

2. 꿀벌에 쏘였을 때 응급처치

① 신용카드같이 끝이 딴딴하고 평평한 도구를 이용하여 최대한 신속하게 벌침과 독낭을 제거한다.

② 감염을 방지하기 위하여 상처 부분을 말끔히 씻고, 얼음주머니를 이용하여 얼음 찜질을 해 주면 독이 퍼지는 속도를 줄일 수 있다.

③ 벌에 쏘인 이후 가슴이 답답해지거나 숨이 차고 입술 주변이 붓는다면 벌독으로 인한 아나필락시스 반응이 나타난 것으로 조속히 인접한 병원 응급실로 내원한다.

3. 교육청(교육지원청), 교육부로 보고해야 하는 안전사고

① 사망 또는 사망할 것으로 예견되는 경우

② 장기간(3주 이상의 의사 소견) 입원하여 치료가 필요한(혹은 예견되는) 경우

③ 의식불명, 인대파열, 수술이 필요한 골절·신체 절단·장기 손상·장애의 증상이 있거나 있을 것으로 예상되는 경우

※ 위에 해당하지 않는 학교안전사고 중 교육청 보고가 필요하다고 원장이 판단하는 경우 공문으로 보고한다.

✏️ 해결의 Tip 및 참고 사항

● 벌에 쏘이지 않으려면

벌은 옷의 색깔과 냄새에 예민하기에 봄에는 노란색, 가을에는 검정색의 옷을 피하고, 향기가 진한 향수나 화장품도 벌을 유인하는 원인이 될 수 있기에 피하는 것이 안전하다. 말벌은 8월 말~10월 초 활동성과 공격성이 강하다.

현장체험학습 중에 일어난
유아 부상에 대한 치료와 보상은?

🔾 어떻게 해야 할까요?

유치원에서 현장체험학습으로 간 곳에 야외 간이 수영장이 설치되어 있었다. 간이

수영장에서 유아들이 물놀이를 진행하다가 유아 A가 교사와 함께 화장실로 이동하

던 중 수영장 지지대 구조물을 묶는 케이블 타이의 날카로운 부분에 긁혀 허벅지가

찢어지는 상해를 입었다. 급히 병원으로 이동하여 봉합수술을 받았지만 흉터가 남

았다. 학부모는 "우리 A가 유치원에서 물놀이를 가서 다친 거고, 수술 후 흉터가 남

았는데 여자애 허벅지에 이렇게 흉터가 있으니 성형을 할 수 있게 책임지셔야 하지

않을까요?"라고 하며 치료비와 보상금을 요구하였다.

S 유치원 사례

☑ 이런 게 궁금해요

- 다친 유아에게 치료비 또는 보상금 지급이 가능한가?
- 치료비 또는 보상금을 지원받기 위해 어떠한 방법과 절차가 필요한가?

💡 이렇게 해결해요

1. 학교안전공제회 치료비 보상 가능 여부

현장체험학습도 유치원 교육활동 중 발생한 사안이므로 학교안전공제회에 가입되어 있다면 「학교안전사고 예방 및 보상에 관한 법률(학교안전법)」에 근거하여 치료비 보상이 가능하다.

2. 학교안전공제회 치료비 및 보상금 지급 신청 방법

사고 발생 → 사고 통지(온라인/오프라인) → 치료 → 접수 확인 → 보상비 청구(영수증 등 구비서류 첨부) → 심사 → 치료비 또는 보상금 지급

✏️ 해결의 Tip 및 참고 사항

● 현장체험학습 답사 진행

현장체험학습 답사 시 안전점검 목록을 작성하여 위험 요소가 없는지 확인하고, 위험 요소가 감지되면 업체 담당자에게 알려 안전하게 관리되도록 한다(부록 9. 현장체험학습 답사 체크리스트 참고).

Part 3
안전

투약 의뢰서가 필요해요

⚡ 어떻게 해야 할까요?

영아 A가 감기에 걸려 가방에 약을 넣어서 등원했다. 그런데 투약 의뢰서가 없어서 교사는 스마트 알림장에 투약 의뢰서를 보내 달라고 요청했다. 점심을 먹은 후에도 투약 의뢰서가 도착하지 않아 학부모에게 전화 연락을 했지만 통화가 되지 않아 스마트 알림장에 다시 요청했다. 낮잠을 자고 일어난 시간에도 투약 의뢰서가 오지 않아 학부모에게 연락했더니 "A에게 약을 아직 안 먹이신 건가요? 제때 약을 먹이지 않으면 감기가 잘 낫지 않는데 왜 안 먹이신 거죠?"라고 항의했다.

B 어린이집 사례

☑ 이런 게 궁금해요

• 투약 의뢰서를 작성하지 않고 투약을 요구하는 학부모에 대해 교사는 어떻게 대응해야 하는가?

💡 이렇게 해결해요

- 영유아교육기관의 대응 방안

① 학부모의 투약 의뢰서는 영유아의 약물 복용에 필수 조건임을 안내한다.

② 어린이집 운영 안내 책자, 오리엔테이션 자료, 가정통신문 등을 통하여 약의 종류, 투약 용량, 투약 횟수, 투약 시간, 보관 방법 등 일회분의 투약에 대하여 투약 의뢰서를 보내 줄 것을 안내한다.

📝 해결의 Tip 및 참고 사항

- 투약 의뢰서 작성

① 어린이집에서 아동에 대해 해열제, 감기약 등을 투약할 경우 미리 학부모의 투약 의뢰서 또는 학부모의 투약 요청 의사를 확인(유선, 문자, SNS 등)하고 투약 요청에 대한 증빙 가능 시 투약을 실시한다.

② 투약 시 약품에 기재된 투약 기준(용법, 용량, 유효 기간 등)을 준수해야 한다.

출처 : 2024년도 보육사업안내, 보건복지부

학부모가 아닌 제3자도 치료비를 청구할 수 있나요?

🔍 어떻게 해야 할까요?

일과 중 정리 시간에 유아 K가 혼자 걸어가다가 교실 책상에 부딪혀 이마가 찢어지는 사고가 발생하였다. K는 삼촌이 주 양육자로 이마가 찢어졌을 때 삼촌에게 연락을 해서 함께 병원에서 만나 K의 이마 봉합수술을 진행하였다. 수술 진행 후 K의 삼촌이 "K의 이마에 흉터가 남을 것 같은데 치료비가 계속 들어갈 것 같죠? 치료비를 얼마나 주실 수 있으세요?"라고 하며 치료비를 요구하였다.

J 유치원 사례

✅ 이런 게 궁금해요

- 학부모가 아닌 자가 치료비 보상을 요구할 수 있는가?
- 학교안전공제회의 보상 기한과 횟수는 어떻게 되는가?

💡 이렇게 해결해요

1. 학부모 외에 치료비와 배상비 청구 가능 여부

진료 후 치료비 청구는 가능하다. 다만 배상비는 학부모 외에 제3자가 요구할 수 없다.

2. 학교안전공제회 보상 기한과 횟수

학교안전공제회 청구 횟수에는 제한이 없으므로 수시 청구 가능하며, 치료 기간이 연장되어서 추가로 청구가 필요한 경우에도 3년 이내로 연결하여 청구할 경우에는 차후 치료받는 것도 청구 가능하다.

✏️ 해결의 Tip 및 참고 사항

1. 사고가 일어났을 때 학부모 이해시키는 방법

유치원 내부 어떤 사물이나 장소에서 사고가 일어났을 때 학부모에게 사고 장소를 직접 보여 주는 것이 학부모의 이해와 유치원에 대한 신뢰를 높이는 방법이 될 수 있다. 사고 내용에 따라 교실 내 배치, 남녀 화장실 위치나 구조, 안전장치 설치 등을 직접 눈으로 확인하면 유치원에 대한 불신이나 오해를 푸는 단서가 될 수 있다.

2. 학교안전공제회 공제급여 신청 청구 절차
- 유치원 : ① 사고 발생 ② 사고 통지
- 청구인 : ③ 공제급여 청구서 작성 ④ 구비 서류 공제회 제출
- 공제회 : ⑤ 심사 및 결정
- 청구인 : ⑥ 심사 및 재심사 청구

외부업체 직원이 유치원에서 다쳤어요

어떻게 해야 할까요?

유치원에서 외부업체를 선정하여 유아를 대상으로 '장애 이해 인형극'을 준비하였다. 공연을 위해 준비 중이던 외부업체의 직원이 갑자기 속이 메스꺼운 증상이 있어 화장실로 이동 중 중심을 잃고 쓰러져 교사가 응급처치를 하였다. 직원이 넘어지며 머리를 부딪쳐 순간 기억이 없는 상태였으며, 화장실로 이동 중 재차 넘어지는 사고가 발생하여 검사와 처치를 위해 119에 신고 후 병원으로 이송하는 일이 발생하였다.

Z 유치원 사례

이런 게 궁금해요

- 외부업체 직원이 유치원 내에서 응급 상황이 발생했을 때 어떻게 대응해야 하는가?
- 외부업체 직원의 사정으로 공연이 취소되는 경우 후속 조치는 어떻게 해야 하는가?

💡 이렇게 해결해요

1. 적절한 응급처치 및 119 신고

119에 신고하여 응급처치 안내를 받고 병원으로 후송한다.

2. 정확한 상황 설명

외부업체 직원이 쓰러지게 된 이유나 상황을 교사들이 본 내용을 토대로 업체 관계자에게 설명하고, 이 내용이 가족에게도 전달될 수 있도록 한다.

3. 취소된 공연에 대해 학부모 안내

외부업체의 공연 준비 중에 발생한 사안으로 관리자(원장, 원감)와 협의하여 학부모에게 공연 취소에 대한 안내를 한다.

📝 해결의 Tip 및 참고 사항

● 외부업체에 고용된 직원으로 후속 상황에 대한 대비 및 책임은 업체에 있음을 알릴 필요가 있다.

학부모가 통학버스 동승보호자를
아동학대로 신고했어요

⚡ 어떻게 해야 할까요?

하원하는 통학버스 내에서 통학버스 등하원 지도교사(동승보호자)가 깊이 잠든 유아를 깨우던 중 유아 A의 얼굴을 손으로 두드려 깨웠고, A는 울면서 잠에서 깼다. 귀가 후 A의 학부모가 이 사안에 대해 알게 되었으며, 유치원과 담임교사에게 사안의 심각성에 대해 민원을 제기하였다. 결국 통학버스 등하원 지도교사(동승보호자)를 아동학대로 신고하였다.

D 유치원 사례

☑️ 이런 게 궁금해요

• 담임교사는 사안 발생 시 어떻게 대응해야 하는가?

• 아동학대로 신고당하면 어떤 준비를 해야 하는가?

💡 이렇게 해결해요

1. 영유아교육기관의 적극적인 초기 대응

① 유치원에서는 피해자와 가해자의 진술서를 확보하여 내부 결재한다.

② 통학버스 회사에 공문을 보내 차량 블랙박스의 영상을 확보한다.

③ 학부모와의 원만한 해결을 위해 중재한다.

2. 아동학대 신고에 대한 준비

① 유치원은 지역교육청에 아동학대 사안을 보고해야 한다.

② 경찰서에 아동학대 신고가 들어가면 시·군·구(아동전담팀)에서 아동학대 여부에 대한 아동보호전문기관(해바라기센터 등)의 의견 조사가 시작되며, 그 과정에 유치원도 방문하여 조사하게 된다.

③ 경찰서에서 진술서 작성을 위해 유치원에 경찰서 방문을 요청한다. 이때 유치원은 아동학대 예방교육을 철저히 했는지에 대한 증빙 자료를 준비해서 경찰서를 방문해야 한다. 교직원, 학부모 대상 아동학대 예방 및 신고의무자 연수 자료와 통학버스 운전원, 동승보호자 대상 아동학대 예방 및 신고의무자 연수 자료를 준비한다.

④ 아동학대로 신고가 되면 법적으로 해결되기까지 1~2년까지 소요된다.

✏️ 해결의 Tip 및 참고 사항

1. 아동권리보호 자가 체크리스트

매달 전 직원이 아동권리보호 자가 체크리스트를 작성해서 내부 결재를 한다(부록 10. 아동권리보호 자가 체크리스트 참고).

2. 관련 법령 또는 근거 규정

아동학대 예방 및 대응 요령 학교용 가이드북(2023), 교육부 외

유치원 통학버스 운행 중 사고가 났어요

🔍 어떻게 해야 할까요?

유치원 통학버스 운행 중 다른 차가 갑자기 끼어들어 충돌사고가 발생하였다. 다행히 아이들이 다치지는 않았지만 통학버스에 탑승한 유아, 교사, 운전기사 등 모두 놀라는 상황이 발생하였다. 사고 수습으로 학부모에게 안내된 하원 시간보다 늦게 유아를 인계하였다.

S 유치원 사례

☑️ 이런 게 궁금해요

- 유치원에서는 어떻게 대응해야 하는가?
- 운전자는 어떻게 대응해야 하는가?
- 통학버스 등하원 지도교사(동승보호자)는 어떻게 대응해야 하는가?

💡 이렇게 해결해요

1. 영유아교육기관의 대응 방안

① 신속히 상황을 파악하고 탑승(예정) 유아의 학부모에게 안내한다.

② 사고 유아가 있으면 병원 치료를 받을 수 있도록 안내한다.

③ 차량업체에 연락하여 대체 차량 확보 가능 여부를 확인한다.

④ 차량 대체가 어려울 경우 학부모에게 직접 등(하)원을 요청하며, 직접 등(하)원이 어려울 경우 등(하)원 방법을 마련한다.

2. 통학버스 운전자의 대응 방안

① 유아 응급환자가 발생한 경우 즉시 응급의료기관 등에 신고하고 이송 조치 및
그 밖에 필요한 조치를 한다.

② 부상자를 확인하여 피해 정도에 따라 적절한 조치를 취하고, 응급구조요원이
사고 현장에 도착하면 이러한 사실들을 알려서 전문 구급요원 등의 도움을 받
는다.

③ 비상등을 켜고 주간에는 100m 후방, 야간에는 200m 후방에 안전삼각대를 설
치하고 사방 500m 지점에서 식별할 수 있는 적색섬광 신호, 불꽃신호 등을 추
가하여 후속 사고를 최대한 예방한다.

④ 소속 업체에 연락하여 대체 차량 등을 요청한다.

3. 동승보호자의 대응 방안

① 경찰이나 구급차가 도착할 때까지 유아들이 심리적 안정을 취할 수 있게 하고
인원 파악을 철저히 한다.

② 반드시 사고 유아에 대한 조치를 먼저 취한다.

③ 신속히 피해 상황을 파악하고 유치원에 상황을 보고하여 대책을 마련한다.

④ 사고 상황과 마련된 대책을 학부모에게 알린다.

✏️ 해결의 Tip 및 참고 사항

● 사고 발생 시 즉시 대응 가능하도록 교육 실시

① 교직원, 학부모 대상 아동학대 예방 및 신고의무자 연수 자료

② 통학버스 운전원, 동승보호자 대상 아동학대 예방 및 신고의무자 연수 자료

③ 「도로교통법 시행령」 제31조의2 제3항(어린이 통학버스 운영자 등에 대한 안전교육)

교육활동 중 일어난
학부모 부상 및 상해에 대한 보상책은?

🦵 어떻게 해야 할까요?

유치원에서는 학부모를 대상으로 2학기 참여 수업을 진행하였다. 유아 A와 학부
모가 함께하는 미술 활동을 진행하던 중 사용하던 도구에 학부모가 다치는 사고가
발생하였다. A의 학부모는 "유치원 내부에서 발생한 사고이니 치료비를 주시는 거
죠?"라고 이야기하며 이에 따른 보상을 요구하였다.

A 유치원 사례

☑️ 이런 게 궁금해요

● 학부모에게 치료비 또는 보상금 지급이 가능한가?

● 학부모에게 치료비 또는 보상금을 지급하기 위해 어떤 기관의 도움을 받을 수 있
는가?

● 학부모 치료비 또는 보상금을 지원받기 위해 어떠한 방법과 절차가 필요한가?

💡 이렇게 해결해요

1. 치료비 또는 보상 가능 여부

① 유아의 교육활동에 학부모가 참여하던 중 발생한 사안이므로 학교안전공제회에 가입되어 있다면 「학교안전사고 예방 및 보상에 관한 법률(학교안전법)」에 근거하여 치료비 보상이 가능하다.

② '교육활동', '교육활동 참여자'에 대한 조건에 부합되어야 하므로 학교안전공제회에 학부모가 '교육활동 참여자 보험'에 가입되어 있어야 한다. 사건 발생 후에라도 학교안전공제회에 가입하면 보상이 가능하다.

2. 치료비 또는 보상금 지급 신청 방법과 절차

사고 발생 통지(시도 학교안전공제회) → 공제급여 청구(진료비 영수증, 진단서 등 증빙 서류 첨부) → 지급 여부 심사(청구 서류 접수일로부터 14일 이내(연장 가능)) → 지급 결정(기관으로 결정 내역 통보) → 지급 완료(부록 8.17개 시도 학교안전공제회와 어린이집안전공제회 청구 절차 참고)

※ 지급 완료 과정에서 청구인 이의 신청(공제급여 결정 불복 시, 사실을 안 날로부터 90일 이내) → 재심사/재결정(보상 재심사위원회) → 지급 완료

✏️ 해결의 Tip 및 참고 사항

1. 보험 가입 방법

인천광역시 학교안전공제회 홈페이지 > 알림광장 > 공제가입

2. 관련 법령 또는 근거 규정

「학교안전사고 예방 및 보상에 관한 법률(학교안전법)」 제1조, 제2조 참고

골절인데 발견하지 못했어요

어떻게 해야 할까요?

유치원 방과후 체육 특성화(외부강사 수업) 시간에 에어바운스 활동을 하던 중 유아 A 가 넘어져 팔꿈치 뼈가 골절되었다. 보건교사가 팔을 굽히지 못하고 아파하는 것을 확인하고 학부모에게 연락 후 지정 병원으로 가서 치료를 받았다. 처음 갔던 1차 병 원에서 골절을 발견하지 못하여 A의 부상 정도가 심해졌고, 학부모가 2차 병원으로 옮겨 A의 골절을 확인한 뒤 두 달 동안 깁스를 하게 되었다.

S 유치원 사례

이런 게 궁금해요

• 외부강사 수업 중 유아가 다쳤을 경우 영유아교육기관의 대응 방안은 어떠한가?

• 외부강사에 대한 안전교육은 어떻게 해야 하는가?

💡 이렇게 해결해요

• 영유아교육기관의 대응 방안

① 다친 유아의 상태를 확인하여 응급처치 후(골절로 의심된다면 그에 맞는 응급처치 필요) 병원으로 학부모가 데려가도 되는지 판단하고 조치한다.

② 특성화 강사와 협의 과정을 통하여 해결 방안을 모색한다.

③ 외부강사라 해도 고의가 아닌 실수로 인정된 사고 시 유치원 내에서 일어난 경우 학교안전공제회 접수가 가능하다(사안에 따라 치료비 청구가 되지 않는 경우가 있으므로 학부모에게 전달 전에 꼭 알아볼 필요 있음).

④ 학부모가 합의금이나 보상금을 원할 경우 외부강사와 학부모가 직접 해결하도록 한다. 외부강사가 속한 업체 측 대표와도 면담을 진행하여 보험 처리가 어떻게 되는지 알아본다.

✏️ 해결의 Tip 및 참고 사항

• 안전교육 실시

① 유치원에서는 특성화 강사에 대한 안전교육을 실시한다.

② 교직원 안전교육 이수 안내(교직원은 3년마다 안전교육 15시간 이수하도록 규정)

③ 관련 법규

－「학교안전사고 예방 및 보상에 관한 법률」 제8조 및 동법 시행규칙 제2조

－ 학교안전교육 실시 기준 등에 관한 고시(교육부) 제14조

부록

교사 자기 성찰 체크리스트

교사 자기 성찰 체크리스트		
구분	내용	확인
인성 역량	신체적·정신적으로 건강한가?	
	교사로서 품위를 지키고, 용모 및 언행이 단정하고 예의에 맞는가?	
	유아, 학부모, 교직원을 존중하고 따뜻하게 대했는가?	
	자신이 맡은 업무를 성실하게 수행하였는가?	
	유치원 내 질서를 지키기 위해 노력하였는가?	
학급 운영 역량	유아의 놀이에 필요한 자료 및 재료를 충분히 제공하고 환경을 구성하였는가?	
	유아의 행동과 놀이를 관찰하고 그 결과를 유아의 놀이지원과 지도에 적용하였는가?	
	유아의 놀이지원을 위한 수업을 다양한 방법으로 실시하였는가?	
	유아 생활지도를 성실히 하였는가?	
	유아를 존중하는 언어, 표정, 행동을 사용하였는가?	
	유아의 심리적·신체적 요구를 민감하게 알아채고 반응하였는가?	
	학부모와 소통이 원활하였는가?	
전문적 역량	유아교육에 대한 바람직한 자신의 철학 또는 교육 신념을 가지고 있는가?	
	유아의 성장과 발달에 관한 지식을 갖고 있는가?	
	유아의 능동적·자발적 놀이를 위해 지원하였는가?	
	최신 유아교육 동향을 파악하고 있는가?	
	자신의 교육과정 운영에 대해 평가하고, 평가 결과를 다음 교육과정 운영에 반영하였는가?	
	전문적 역량 강화를 위해 연수, 워크숍, 학회, 교사 동아리 등에 참여하였는가?	

○○유치원

국공립 유치원 교사 직무 매뉴얼

국공립 ○○유치원

I. 교원 복무 규정

가. 근무 시간 08:30 ~ 16:30 (8시간) ※평상시, 방학 중 동일

나. 근무 사항

1) 용어의 정의 (「국가공무원 복무·징계 관련 예규」)

가) 출근 : 근무 시간 시간 전까지 근무 장소(사무실 또는 현장)에 도착하는 것

나) 지각 : 근무 장소에 근무 시작 시간 이후에 출근하는 것

다) 조퇴 : 근무 종료 시간 이전에 퇴근하는 것

라) 외출 : 근무 시간 중 개인 용무를 위하여 근무 장소 외부로 나간 후, 근무 종료 시간 이전에 돌아오는 것

마) 퇴근 : 그 날의 업무를 종료하고 근무 종료 시간 이후에 근무 장소를 떠나는 것

바) 결근 : 출장, 휴가 등의 정당한 사유 없이 근무 종료 시간까지 출근하지 아니하는 것. 법정휴가일수를 초과한 휴가는 결근으로 처리함.

2) 근무지 내 출장, 41조 연수(방학 중), 조퇴 등 승인 요청 시

가) 4시간 이상 : 원감 − 원장까지

나) 4시간 미만 : 원감

출장 시 내용은 가급적 공문 제목과 동일하게 기록 표시

다) 출장 시간

① 끝나는 시간은 공문에 맞게, 단 공문에 일찍 끝나는 시간(예, 14:00)으로 나

259

왔을 경우는 돌아오는 시간 포함(예 : 공문에 16:20까지 되어 있을 경우 16:30으로 상신).

②출발 시간 : 수업 시간과 약간 겹칠 경우 출발 시간을 늦출 수 있음(보결처리관계).

③방학 또는 토요일(집에서 출발할 경우) : 공문에 나온 시간 그대로 출장 상신 (특별한 경우 예외)

3) 연가(휴업일인 경우) 외 복무 상신 시에는 사유 기재(개인용무 등 가능)

4) 출장 시 가까운 거리(2km 이내) 등은 여비 부지급으로 상신

다. 교원 휴가

「교원휴가에 관한 예규」(2022.2.15. 개정)

제5조(연가) ③ 휴업일 중 근무상황부 종별 중 연가(반일연가를 포함한다, 이하 동일)를 신청할 때에는 교육정보시스템(나이스, 근무상황부 또는 근무상황카드를 포함한다, 이하 동일)에 사유를 기재하지 않고, 수업일 중 연가를 신청할 때에는 교육정보시스템에 동 예규 제5조 제1항 각 호 중 해당되는 연가 사유 호 등을 기재한 후 학교의 장의 승인을 받아야 한다.

▷ 휴업일 중에는 연가 사유 기재하지 않음. 목적지와 사유란 없어짐.

'사유 및 비고란'에서 '사유'는 '휴업일' 선택, 아무것도 없는 '비고란'은 공무외 국외여행 시 공무외 국외여행(방문국가) 기재

예) 비고란 공무외 국외여행(베트남, 방학 중) 기재

비고란 외국 여행 아닐 경우 (방학 중) (재량휴업일) 등

> ▷ 수업일 중 연가를 신청할 때는 연가 사유에 해당하는 '호'를 선택하고, 옆에 있는
>
> '관련 법령'을 클릭해서 본인이 선택한 '호'와 맞는지 확인 필요
>
> 비고란 (보결 처리) (시간강사 임용) 등

1) 연가

가) 재직 기간별 연가일수 계산 : 매년 1.1.~12.31. 기준

재직 기간별 연가일수			
재직 기간	연가일수	재직 기간	연가일수
1개월 이상 1년 미만	11일	4년 이상 5년 미만	17일
1년 이상 3년 미만	15일	5년 이상 6년 미만	20일
3년 이상 4년 미만	16일	6년 이상	21일

「국가공무원 복무규정」개정(24'.7.2. 공포·시행)

[교원 휴가 관련 질의] 지각·조퇴·외출은 연가의 일종인지?

· 연가는 학교의 장이 일정한 사유가 있는 교원의 신청 등에 의하여 일정 기간 출근의 의무를 면제하여 주는 휴가의 일종이므로, 근무 사항에 해당되는 지각·조퇴·외출은 연가에 해당되지 않습니다.

· 지각·조퇴·외출은 근무를 전제로 한 날에 특별한 사유가 발생하여 정상 근무를 할 수 없게 된 경우이므로 대체 인력 확보 및 수업 교환 등을 통해 수업 결손이 발생하지 않도록 조치하기 위해 그 사유를 기재하여 학교장에게 허가를 받아야 합니다.

※ 근무 사항에는 출근, 지각, 조퇴, 외출, 퇴근, 결근이 해당됩니다.

※ 단, 사유를 구체적으로 기재할 경우 개인의 민감한 정보가 유출된다면 학교장

에게 구두로 사유를 전달하고, 나이스 신청 시 사유를 '개인용무' 등으로 기재하는 것도 가능합니다.

· 또한, 지각·조퇴·외출, 반일연가는 종별 구분 없이 시간을 모두 합산한 후 8시간을 연가 1일로 환산하여 연가일수를 공제하므로, 근무 사항에 해당되는 지각·조퇴·외출은 연가에 해당되지 아니함에도 나이스 개인 근무 상황의 대분류(연가, 병가, 공가, 특별휴가, 대체휴무, 결근, 출장, 연수, 기타) 중 연가에 포함되어 있습니다.

2) 병가

가) 재직 기간별 병가일수 계산 : 매년 1.1.~12.31. 기준

나) 병가와 특별휴가 등 불가피한 경우 다른 교원으로 하여금 대행하게 할 수 있음. 병가, 특별휴가 및 공가 등은 증빙서류 제출.

다) 7일 이상 연속되는 병가와 연간 누적 병가일수(병조퇴 시간 합계) 6일을 초과하는 경우 반드시 진단서 제출.

라) 진단서를 제출하여야 함에도 제출하지 못한 병가는 이를 연가일수에서 공제하고 병가일수에는 산입하지 아니함.

병가일수 산정 예시

【사례 1】 A 질병으로 4일간(화, 수, 목, 금) 병가를 쓰고, 다음 주 월요일 1일 출근한 후 화요일부터 B질병으로 25일(토요일과 공휴일 합산 시 36일)의 병가를 사용한 경우에는 각 병가의 시작일부터 종료일까지의 병가 기간(토요일과 공휴일을 포함)으로 합산하였을 때 총 병가 기간은 40일이 됨. 이 경우 "각 병가 기간의 총합"이 30일 이상이 되므로 토요일과 공휴일을 포함하여 총 40일의 병가를 사용한 것임.

【사례 2】 2개 년도에 걸쳐 30일을 초과하는 병가의 경우에는 연도별로 구분하여 각각 30일 이상인 경우에만 공휴일과 토요일을 휴가일수에 산입해야 함.

3) 공가(증빙서류 제출)

징병검사나 동원훈련, 국가기관 소환될 때, 투표에 참가할 때, 승진·전직 시험 응시, 원격지간의 전보 발령을 받고 부임할 때, 「국민건강보험법」에 의한 건강검진, 마약류 중독 검사 또는 결핵검진, 헌혈, 「교원연수에 관한 규정」에 의한 외국어능력시험 응시, 국가적인 행사 참여 시, 천재지변 교통 차단으로 출근 불가능할 때, 「교원의 노동조합 설립 및 운영 등에 관한 법률」에 따른 단체교섭 및 단체협약 체결에 참석할 때 등, 「교원의 지위 향상 및 교육활동 보호를 위한 특별법」 및 「교원의 지위 향상을 위한 교섭·협의에 관한 규정」의 교섭·협의의 당사자로 교섭·협의에 참석할 때 등, 「검역법」에 따른 검역감염병의 예방접종을 할 때, 「감염병의 예방 및 관리에 관한 법률」에 따른 예방접종 또는 감염 여부 검사를 받는 경우

4) 경조사 특별휴가 발생 시(증빙서류 제출)

　　가) 신속하게 교무부장, 원감에게 알린 후 해당하는 일수만큼 신청

　　나) 결재 라인 : 본인 → 원감 → 원장

경조사별 휴가일수 표

구분	대상	일수
결혼	본인	5
	자녀	1
출산	배우자(한 번에 둘 이상의 자녀를 출산한 경우)	10(15)
사망	배우자, 본인 및 배우자의 부모	5
	본인 및 배우자의 조부모, 외조부모	3
	자녀와 그 자녀의 배우자	3

	본인 및 배우자의 형제·자매	3
입양	본인	20

사례 1) 토요일에 부모가 사망한 경우의 경조사 휴가일수는 다음 주 월~금으로 5일의
휴가를 얻을 수 있음.
사례 2) 토요일에 자녀가 결혼하는 경우 경조사 휴가는 전일 금요일 또는 다음 주 월요
일에 휴가를 얻을 수 있음.

「국가공무원 복무규정」개정(2024.7.2. 공포·시행)

5) 육아 시간

가) 근거 : 「국가공무원 복무규정」 개정 (2024.7.2. 공포·시행) 제20조 제5항

나) 대상 : 8세 이하 또는 초등학교 2학년 이하의 자녀가 있는 공무원은 36개월
의 범위에서 1일 2시간의 육아 시간을 받을 수 있음.

다) 육아 시간 사용 시 일 최소 근무 시간은 4시간 이상이 되어야 하며, 최소 근
무 시간을 충족하지 못한 육아 시간 사용은 연가로 처리함.

라) 육아 시간은 근무일에 출근을 전체로 하는 특별휴가(모성보호시간)와 중복하
여 사용할 수 없음.

마) 육아 시간 사용 시 근무 시간 전·후에 시간외근무를 명할 수 없음.

바) 근무 시간 주에 적절한 시간을 선택하여 신청할 수 있으며, 승인 대상 여부
는 병원의 출생증명서 또는 주민등록등본으로 확인(최초 이용 시에 한하여 제출)

6) 가족돌봄휴가 : 「국가공무원 복무규정」 개정 (2024.7.2. 공포·시행) 제20조 제15항
자녀를 돌보기 위한 가족돌봄휴가는 해당 공무원의 자녀(제14항 제1호에 따른 어린이
집등에 재학 중이거나 미성년인 자녀 또는 장애인인 자녀를 말한다) 수에 1을 더한 일수까지를 연
간 유급휴가일수로 한다. 다만, 장애인인 자녀가 있는 공무원 또는 「한부모가족지원
법」 제4조 제1호의 모 또는 부에 해당하는 공무원의 경우에는 본문에 따른 연간 유
급휴가 일수에 1일을 더한 일수까지 연간 유급휴가일수로 한다.

– 종전 최대 3일이던 유급일수를 자녀 수에 비례하여 부여하도록 확대

※ 장애인인 자녀가 있거나 한부모가정은 1일 추가 부여

기 존	⇨	개 선
자녀돌봄 시 2일(다자녀는 3일)		자녀 수 + 1일

참고 사항

- 자녀(어린이집, 유치원, 초·중·고등학교에 재학 중인 자녀, 미성년인 자녀, 장애인인 자녀)를 돌보기 위한 경우 자녀 수에 1을 더한 일수의 범위(연간 최대 10일)에서 유급으로 사용 가능

자녀당 유급휴가일수								
구분	자녀 1명	자녀 2명	자녀 3명	자녀 4명	자녀 5명	…	자녀 9명	비고
기존	2일	3일						고정
개정	2일	3일	4일	5일	6일	…	10일	1자녀 1일 추가

※ 장애인인 자녀가 있거나 한부모 공무원은 유급 1일을 추가 사용 가능

- 사례 1 : 미성년 자녀가 2명인 한부모 공무원 : 유급휴가 최대 4일
- 사례 2 : 미성년 자녀 4명 중 장애인 자녀가 있는 공무원 : 유급휴가 최대 6일

라. 공무외 국외여행 관련 업무

1) 공무외 국외여행

　가) 연가로 국외여행하는 경우

　나) 나이스 신청 시 사유로 '휴업일' 선택 후, 비고란에 공무외 국외여행과 방문 국가명을 기재하여 긴급 시 소재 파악 및 비상 연락이 될 수 있도록 함.

　예) 공무외 국외여행 (태국, 2024. 8. 1.(목)05:00 ~ 2024. 8. 5.(월) 05:00)

　다) 공무외의 국외여행은 여름, 겨울 및 학기말 등의 휴업일에 실시함을 원칙.

2) 국외자율연수

　　가) 국외자율연수를 위한 공무외의 국외여행(「교육공무원법」 제41조의 규정에 의한)
　　　　: 교원의 전문성 신장을 위한 연수, 각종 세미나 참가, 교원단체가 주관하는
　　　　연수, 해외 교육기관 초청 연수, 개인의 학습자료·교육자료 수집 등

　　나) 기간 : 여름·겨울 및 학기말 등의 휴업일 중 학교교육에 지장이 없는 범위 내
　　　　에서 연수 활동에 필요한 기간

　　다) 연수계획서 포함 내용 : 제출자, 연수 희망국, 연수 기간, 연수 목적, 활동 계
　　　　획, 기대되는 성과, 연수 중 연락처 또는 연락 방법 등

　　라) 제출 서류 : 여행 목적과 관련한 증빙서류(초청장, 연수 일정표 등)를 계획서에
　　　　첨부

　　마) 학교장의 연수 계획서 확인 및 승인 후 41조 연수로 상신(근무상황부 : 국외자율
　　　　연수로 기록)

　　바) 사유 및 용무 : 공무외 국외자율연수(○○문화 탐방) 등 교육적인 목적으로
　　　　기재

마. 공무원 범죄 주요 유형

유형	사례 또는 특징
음주운전	· 불심검문, 타인 신고, 음주 후 교통사고 등으로 적발 · 혈중알코올농도 0.08%이상 통보 시 중징계 처분 · 음주운전을 방조[1]한 경우(동승자 처벌)
교통사고	· 상호 합의나 종합보험에 가입이 되어 있어도 처벌받는 12대 중과실 사고는 각별히 유의 · 신호 위반, 횡단보도·중앙선 침범 등으로 인한 교통사고로 상해를 입힌 경우

1　「형법」 제32조(종범) 타인의 범죄를 방조한 자는 종범으로 처벌(음주운전 방조죄 처벌 근거, 음주운전을 하도록 정신
　　적,물질적 도움을 준 경우)

아동복지법 위반	· 자녀 훈육 시 아동학대 혐의로 인한 아동보호사건송치 처분 · 아동을 때리거나 욕설 등으로 신고되어 경찰 수사
폭력 및 상해	· 부부 간 폭행, 상해로 가정보호사건송치 처분 · 피해자와 시비로 물건을 던지거나 신체적 폭행을 가함.
성 사안	· 성희롱, 성매매, 강제추행 등
재물손괴	· 건물 계단 쪽의 문을 발로 걷어 차 문 파손 · 빌라 복도의 물건 파손
명예훼손 또는 모욕	· 인터넷 카페나 기사 등에 허위(또는 모욕적인) 댓글 게시 · 사회 관계망(SNS)을 통하여 욕설 등 전송 · 피해자에게 공공의 장소에서 욕설 등을 하며 모욕함.
절도 및 점유이탈물 횡령	· 남의 지갑을 절취한 경우 · 공공의 장소에서 누군가 놓고 간 물건을 가져오는 행위
사기	· 주운 카드로 자기 카드인 것처럼 식당 주인을 속인 채 결제한 행위
주택법 위반	· 전매 금지 기간 중 아파트 분양권 전매
저작권법 위반	· 타인의 책과 연수 강연을 도용하여, 복제·제작 등 · 허락 없이 미술저작물을 교내 게시판에 삽화로 전시

바. 음주운전 근절(음주운전은 징계감경 대상에 해당하지 않아 징계위원회에서 포상 감경 불가)

1) 음주운전 징계 기준 (2021. 12. 30.부터 징계 기준 강화)

구분	최초 음주운전				2회 음주 운전	3회 음주 운전
	혈중알코올농도 0.08%미만	혈중알코올농도 0.08%이상~ 0.2%미만	혈중알코올농도 0.2%이상	음주측정 불응		
징계 기준	정직~감봉	강등~정직	해임~정직	해임~ 정직	파면~ 강등	파면~ 해임

근거 : 「공무원 징계령 시행규칙」 별표1의5, 「지방공무원 징계규칙」 별표3

부록 3 유아의 ADHD 테스트 체크리스트

구분	항목	예	아니오
1	오랫동안 가만히 앉아 있지를 못한다.		
2	질문 도중 말을 끊고 대답한다.		
3	말이 없다.		
4	한 가지 일을 다 끝내기 전에 다른 일을 시작한다.		
5	다른 사람의 말을 잘 듣지 않는다.		
6	물건을 잘 잃어버린다.		
7	앉아 있는 도중에도 자꾸 몸을 이리저리 움직이려고 한다.		
8	외부 자극으로 인해서 집중하지 못하고 산만해진다.		
9	집중력이 부족하다.		
10	무언가를 할 때 자기의 차례를 기다리기 힘들어 한다.		
11	시끄럽게 논다.		
7세 이전의 유아가 8개 이상의 항목 증상을 반년 이상 보이면 ADHD가 있을 확률이 높다.			

부록 4 유치원과 어린이집 영상정보처리기기 자가 점검 체크리스트

유치원 내 영상정보처리기기 자가 점검 체크리스트							
점검 일자		점검자		확인자			

• 영상정보처리기기 일반 현황

녹화기		영상정보 보유 기간		카메라 대수		카메라 설치 위치	

• 영상정보처리기기 점검 상황

구분	점검 내용	점검 결과	비고
설비 관련	영상정보는 정상적으로 촬영, 저장되고 있는가?		
	영상정보 보유 기간 대비 녹화기(DVR)의 저장 용량은 적정한가?		
	영상정보 보유 기간 만료 시 자동 삭제 기능은 정상적으로 작동되는가?		
	카메라의 촬영 범위는 유치원 내로 작동되고 있는가? (유치원 담장 밖 촬영 금지)		
	카메라, 녹화기기, 케이블 등 설비의 훼손 및 고장은 없는가?		
보안 관련	영상정보가 유치원생, 학부모, 외부인 등에게 제한 없이 노출되어 있지는 않는가?		
	영상정보처리기기에 의하여 수집·처리되는 영상정보로의 접근 권한을 지정받은 최소한의 인원으로 제한하고 있는가?		
	영상정보는 암호화 조치를 통하여 안전하게 관리되고 있는가?		
	영상정보의 안전한 물리적 보관을 위한 잠금장치는 이상 없이 설치되어 있는가?		
관리 관련	영상정보처리기기 운영 관리 방침 수립하여 공개하고 있는가?		
	영상정보처리기기 설치·운영 안내판은 이상 없이 부착되어 있는가?		
	개인영상정보 영상물(열람, 존재 확인) 신청서를 비치하여 활용하고 있는가?		
	열람 전후에 타인의 영상정보에 대한 비밀 유지를 안내하고 있는가?		
	개인영상정보관리대장을 비치하여 영상정보 열람, 파기 등에 관한 사항을 기록하고 있는가?		
기타 의견			

어린이집 영상정보처리기기 자가 점검 체크리스트				
점검 항목	점검 결과		점검 일자	조치 사항
	적합	부적합		
1. 설치 기준				
1 영상정보 저장장치는 60일 이상의 저장 용량을 갖추고 있는가?	☐	☐		
2 고해상도 이상의 화질을 가진 카메라를 설치하여 화면 속 인물의 행동이 용이하게 식별될 수 있는가?	☐	☐		
3 카메라는 일정한 장소에 일정한 방향을 지속적으로 촬영하고 있는가?	☐	☐		
4 카메라는 필수 설치 구역에 1대 이상 설치되어 있는가?	☐	☐		
5 카메라는 조경이나 건물 등으로 촬영 범위가 축소되지 않도록 설치되었는가?	☐	☐		
6 CCTV 안내판은 주 출입구와 주변 경계부(담장)에 설치되어 있는가?	☐	☐		
7 CCTV 안내판의 기재 사항은 현재 어린이집의 CCTV 설치·운영 상황과 동일하게 표기되어 있는가?	☐	☐		
2. 안전성 확보 조치				
1 모니터는 관리책임자, 접근 권한을 부여받은 운영담당자 등 지정된 자에 한해 접근할 수 있도록 설치되었는가?	☐	☐		
2 저장장치는 접근이 제한된 구획된 장소에 보관되고 있는가?	☐	☐		
3 저장장치 보관 시설에 잠금장치를 설치하여 평상시 잠금 상태를 유지하고 있는가?	☐	☐		
4 영상정보 관리 컴퓨터에 부팅 암호, 로그인 암호를 설정하고, 로그인 시 기록이 남도록 설정하였는가?	☐	☐		
5 영상정보 접근 권한을 관리책임자, 운영담당자, 실시간 모니터링 전담자만으로 제한하여 운영하고 있는가?	☐	☐		

3. 운영 및 관리 기준					
1	내부 관리 계획에 카메라 대수, 위치, 촬영 시간 및 보관 기간 등의 필수 사항이 포함되어 있는가?	☐	☐		
2	내부 관리 계획의 카메라 대수, 담당자 등은 현재 설치·운영 사항과 동일하게 관리되고 있는가?	☐	☐		
3	영상 자료는 최대 3개월을 초과하지 않는 범위 내에서 1회 이상 삭제되고 있는가?	☐	☐		
4	어린이집 정보공시시스템에 공시한 'CCTV 시설 현황'이 실제 설치·운영 현황과 동일하게 공시되고 있는가?	☐	☐		
5	보호자가 열람 요청 시 가이드라인에 명시된 열람 방법과 절차를 준수하여 열람하도록 조치하고 있는가?	☐	☐		
6	열람 요청 시 열람 요청서, 결정 통지서, 비밀유지 서약서 등의 문서를 비치하고 관리하고 있는가?	☐	☐		

아이들이 행복한 보육환경을 위해 보육교사의 보육활동을 존중해주세요!

- 보육교사는 자격을 갖춘 보육전문가임을 알고 존중해주세요

- 자녀양육의 주책임자는 보호자이며, 아이의 건강한 발달을 위해 보육교사와 긴밀한 파트너십으로 소통해주세요

- 보육교사의 자율적 영유아·놀이 중심 보육과정 운영을 믿고 지원해주세요

- 자녀와 관련한 문제가 발생했을 경우, 먼저 객관적 사실관계를 정확하게 파악하고 감정적 대응이나 불편한 언행을 하지 않도록 유의해주세요

- 아이들과 함께하는 보육활동 시간에는 문자, 전화 등으로 연락을 자제해주시고, 보육활동 중 상담이 필요한 경우에는 사전에 약속을 한 후, 정해진 일정에 상담해주세요

- 긴급한 일이 아닌 경우, 보육교사의 업무시간 이외(퇴근 시간 이후 혹은 주말)에는 전화, 문자 보내기 등으로 보육교사의 사생활을 침해하지 않도록 유의해주세요

- 인터넷 게시판, 단체문자, 채팅방 등 사이버 공간에서 사실이 아닌 내용을 전달하거나 보육교사의 명예를 손상시키는 행동은 삼가주세요

출처 보건복지부, 한국보육진흥원.
보육교사의 보육활동 보호를 위한 대응 가이드

 보건복지부

 한국보육진흥원
Korea Childcare Promotion Institute

어린이집 선생님도 존중 받아야 할
감정노동자입니다.

보건복지부   중앙육아종합지원센터

"선생님을
대하는 모습,
아이가
지켜보고 있습니다."

감정노동자보호, 예방이 먼저입니다.

보건복지부 · 중앙육아종합지원센터

선생님의 인권,
우리의 인권만큼 소중합니다.

선생님의 감정노동 보호를 위한 부모 에티켓

1. 어린이집(선생님)과 갈등 상황 발생 시 아이가 없는 곳에서 이야기를 나눠 주세요.
2. 아이가 함께 있는 상황이라면 특히 반말, 욕설, 폭언 등 무시하는 언행을 하지 말아 주세요.
3. 선생님에 대한 공감과 긍정의 감정을 느낀다면, 그때그때 표현해주세요.

강성 민원 발생시 어린이집에서는 이렇게 대처할 수 있습니다.

즉시 경고 및 자제 요청	녹화, 녹음 고지	법적조치 구두경고	상담종료 및 법적조치 시행

① 학교안전공제회 청구절차

---

① 사고 발생 통지
학교(유치원) → 중앙회
· 사고 발생 후 지체 없이 통지
· 중앙회 공제사업 업무처리 시스템
  (https://ssifins.schoolsafe.or.kr:4443/) 입력

▼

② 사고 통지 접수
중앙회
· 사고 통지 접수/보완/반려

▼

③ 공제 급여 청구
청구인 → 중앙회
· 중앙회 공제사업 업무처리 시스템
  (https://ssifins.schoolsafe.or.kr:4443/) 입력
  ※ 청구 서류 파일 첨부

▼

④ 심사 및 지급 여부 결정
중앙회
· 청구 서류 접수일로부터 14일 이내
  ※ 단, 정당한 사유가 있는 경우 필요한 기일만큼 연장 가능

---

⑤-1 이의 신청
청구인 → 중앙회
· 공제급여 결정을 안 날로부터 90일 이내 학교안전공제보상재심사위원회에 심사 청구
· 심사청구서 작성 후 우편 발송

▼

⑥ 심의 결정
보상재심사위원회
· 심사청구일로부터 60일 내 심의 실시
  ※ 단, 부득이한 사유로 결정이 어려운 경우 1개월 연장 가능

▼

⑦ 결정 통보
보상재심사위원회 → 청구인
· 재결서 통보(등기우편)
  ※ 심의일로부터 2주 이내

---

⑤ 공제급여 지급
중앙회 → 청구인
· 제출된 청구서에 기재된 입금계좌로 지급
· 학교(유치원)로 결정 내역 통보(공문 발송)

학교안전공제중앙회
학교배상책임공제 보상 절차

② 어린이집안전공제회 사고 처리 절차

• 처리 절차표

• 절차 상세 내용

1. 사고 발생	· 사고 발생
2. 사고 보고	· 보육통합정보시스템 내 어린이집지원시스템 접속 후 사고 보고서 작성 · 안전공제회(좌측 메뉴) - 사고 보고
3. 청구 서류 확인	· 사고 보고 시 팝업으로 안내된 사고별 청구 서류 확인
4. 청구 서류 제출	· 팩스, E-mail, 우편을 통해 제출
5. 공제급여 산정	· 결정 통지 (※ 이의가 있는 경우 보상심사위원회 심사 청구)
6. 공제회 지급	· 공제급여 수령
7. 종결	· 완료

어린이집안전공제회
사고처리절차

현장체험학습 답사 체크리스트

현장체험학습 답사 보고서					
일시	년 월 일 요일 00:00 ~ 00:00		장소		
참가자			답사 목적		
점검 사항	점검 항목		상	중	하
	1. 단체 활동을 할 수 있는 시설을 갖추고 있는가?				
	2. 식사 장소는 사용하기 적절한가?				
	3. 영유아가 활동하기에 충분한 공간을 갖추고 있는가?				
	4. 동선이 활동하기에 원활하게 이루어져 있는가?				
	5. 주변에 유해한 것은 없는가?				
	6. 이동 통로나 비상구는 충분히 확보되어 있는가?				
	7. 위험한 동식물은 없는가?				
	8. 위생 상태는 청결한가?				
	9. 화장실의 청소 상태는 청결한가?				
	10. 영유아가 사용하기 적절한 세면대와 변기가 구비되 어 있는가?				
종합 의견					
첨부 자료(사진 자료)					
위와 같이 현장체험학습 사전답사를 보고합니다. 년 월 일 요일 보고자 :					

○○학년도 원외현장체험 평가서					
반명(연령)		작성자			
현장체험 일시		현장체험 장소			

순	평가 문항	답변			
		상	중	하	기타 의견
1	일정 및 교통 등에 관한 사항				
2	준비 과정에 대한 평가 (현장체험지 선정 및 답사 등)				
3	프로그램 운영				
4	안전교육 및 시설 관련				
5	우수한 점				
6	개선할 점				
7	유아의 반응				
8	학부모의 반응				

○○유치원

붙임 1 유치원 교직원용 아동권리보호 자가체크리스트(요약형)

이 체크리스트는 유치원 교직원이 일과 중에서 아동의 권리를 보호하는지 그 민감도를 파악하기 위한 자가체크리스트입니다. 해당하는 문항에 '예' 혹은 '아니오'로 응답해보세요.

	문 항	예	아니오
1	유아를 때리거나 신체에 고통을 가한 적이 있다.		
2	도구 등을 이용하여 유아를 억압하거나 위협한 적이 있다.		
3	유아가 한 행동을 그대로 하도록 하는 보복성 행동을 요구한 적이 있다.		
4	아동을 위협하는 언어를 사용하여 공포 분위기를 조성한 적이 있다.		
5	유아에게 비난, 원망, 거부, 우롱, 경멸적인 언어를 사용하여 공개적으로 창피를 준 적이 있다.		
6	유아의 인격이나 감정/기분을 무시하거나 모욕하는 행위를 한 적이 있다.		
7	유아가 할 수 없거나 원하지 않는 활동을 강제적으로 시킨 적이 있다.		
8	수업시간이나 급·간식 시간에 유아를 의도적으로 배제시킨 적이 있다.		
9	유아를 교실이나 특정 장소에 혼자 있게 하거나 움직일 수 없도록 강제한 적이 있다.		
10	유아의 신체부위를 만져 유아를 불쾌하게 만들거나 불편하게 한 적이 있다.		
11	교육과정과 무관하게 노골적이거나 자극적인 성적 표현을 하거나 관련 자료를 보여준 적이 있다.		
12	유아의 요구에 대해 모른 척 하거나 아무런 반응을 보이지 않은 적이 있다.		
13	유아에 대한 기본적인 보호와 돌봄을 소홀히 한 적이 있다.		
14	교육활동 중에 유아와 직접 관련 없는 개인적인 행동을 하느라 유아를 방치한 적이 있다.		
15	유아가 한 수행결과에 대해서 공개적으로 비난하거나 창피를 준 적이 있다.		

경기도교육청

아동권리보호 자가 점검 체크리스트

이 체크리스트는 보육교직원을 대상으로 아동권리보호에 얼마나 민감한지를 파악할 수 있도록 만든 자가 점검 체크리스트입니다. 이를 통해 보육교직원이 아동권리를 침해하는 아동학대 행위가 무엇인지를 인식하게 하고, 아동학대를 포함한 전반적인 아동권리보호에 대해 보육교직원이 점검할 수 있는 기회를 제공하고자 합니다. 어린이집 원장 및 교사를 포함한 모든 보육교직원의 정기적 사용을 권장합니다.

※ 해당하는 문항에 체크(V)하시고 점수를 통해 아동권리보호에 대한 민감도를 확인해 보세요.

울산광역시 육아종합지원센터
교육자료실

	항목	전혀 없음	1회	2회 이상	거의 매일
1	**아동에게 원망적, 거부적, 적대적 또는 경멸적인 언어 폭력을 한 적이 있다.** · 아동에게 욕을 하거나 나쁜 말을 한 적이 있는 경우 : 돼지야, 이 못생긴 게, 멍청아, 바보, 나가 죽어라 등 · 아동을 비판, 비난, 조롱, 모욕, 우롱한 적이 있는 경우 : 넌 혼자 이것도 못하니, 애비 없는 자식, 너처럼 못하는 아이는 처음 봤다며 무시하는 행위 등				

2	**아동의 인격이나 감정/기분을 무시하거나 모욕하는 행위를 한 적이 있다.** 매운 음식을 먹을 때 물을 마시지 못하게 하는 행위, 음식을 먹는 속도가 느리다는 이유로 연령이 낮은 반으로 보내서 아동이 수치심을 느끼게 하는 행위 등				
3	**아동에게 위협을 주는 언어나 행동을 한 적이 있다.** 숫자 다 셀 때까지 엄마한테 일찍 데리러 오지 말라고 할 거야, 동생반이나 원장반으로 보내 버릴 거야, 엄마 아빠한테 이를 거야, 집으로 내쫓을 거야, 시키는 행동을 하지 않으면 아동이 바깥 놀이를 하지 못하게 하는 행위 등				
4	**아동에게 폭력적인 장면을 노출한 적이 있다.** 아동에게 종사자 간 싸움 장면을 노출시키는 행위, 원장이 아동에게 폭력을 행사하는 것을 다른 아동이 목격하는 경우 등				
5	(자, 회초리, 긴 막대 등의) **도구로 아동을 위협한 적이 있다.**				
6	**화장실, 창고 등의 아무도 없는 빈 장소에 벌을 세우기 위해 아동을 가둔 적이 있다.**				
7	**긴급 상황이 아닌 경우에도 아동을 재촉하거나 공포 분위기 조성을 위한 목적을 아동에게 고함을 지른 적이 있다.** "당장 그만두지 않으면 혼자 놔두고 갈 거야!"				
8	**아동의 신체 부위를 때린 적이 있다.** 맨손이나 발로 때리거나 사랑의 매 등의 도구를 사용하여 때린 행위 등				

9	아동에게 신체적 손상은 입히지 않았지만, 고의적으로 아동의 신체를 가해하는 행위를 한 적이 있다. 아동의 팔을 당겨 서두르게 하는 행위, 아동의 머리나 엉덩이를 치며 행동을 중지시키는 행위, 먹기 싫어하는 음식을 억지로 입을 벌려 먹이는 행위, 아동을 꼬집거나 잡고 흔드는 행위, 목을 잡고 조르는 행위 등				
10	낮잠 시간이나 놀이 시간 등에 아동을 혼자 있게 하거나 아동 간 다툼을 방치한 적이 있다.				
11	아동에 대한 기본적 보호·양육을 소홀히 한 적이 있다. 아동이 적절한 음식을 충분히 제공받도록 하지 않거나, 식사 때가 되어도 식사를 제대로 챙겨 주지 않거나 상한 음식을 아동에게 주는 행위 등				
12	아동을 위험 상황이나 비위생적인 환경에 방치한 적이 있다. 아동이 위험한 물건(칼, 압정, 핀 등)을 갖고 놀아도 내버려 두는 행위, 아동이 자는 낮잠 시간에 책상 위에 의자를 두는 행위, 일부러 화상을 입게 하는 행위, 아동이 흘린 음식을 먹게 하거나 기저귀를 긴 시간 동안 갈아 주지 않는 행위 등				
13	아동에게 필요한 의료 처치를 제공하지 않은 적이 있다. 아동이 몸이 아프다고 해도 보호자에게 알리지 않거나 병원에 데려가지 않고 그냥 내버려 두는 행위 등				
14	과도하게 신체 접촉을 하거나 아동의 신체를 노출시킨 적이 있다. 기저귀 갈이 할 때 다른 사람 앞에 생식기를 고의적으로 노출시키거나 만지는 행위, 사람들 앞에서 속옷을 갈아입히거나 용변을 보도록 하는 행위				
15	음란비디오나 책을 아동에게 보여 준 적이 있다.				

출처 : 중앙아동보호전문기관

자가 체크리스트 사용 방법

●사용 주기 : 근무개시 일주일 이내에 필수, 이후는 분기별 혹은 반기별(연 2회 정도)
 사용을 권장합니다.

분류	세부 내용
없다	당신은 아동권리보호를 위해 최선을 다하고 있습니다.
1개 이상 '있다'에 체크한 경우	'예'에 해당되는 항목의 행동을 하지 않도록 주의가 필요합니다.

놀이중심 교육과정 119

정나라, 정유진 지음

현장에서 유아들과 함께 생활하는 두 선생님의 생생한 경험이 담긴 일화를 수록함으로써 놀이에 대한 이론과 실제를 함께 다룬다. 또한 유아와 교사의 관점만이 아니라 학부모의 입장에서 유아·놀이중심 교육과정에 대한 이해를 돕도록 생생한 사례들을 담고 있다.

놀이중심 교육과정

정나라, 정유진 지음

유아의 놀이를 지원해줄 수 있는 연간, 월간, 주간교육계획 수록! 실제 사례로 살펴보는 놀이중심 교육과정의 의미와 궁금증에 대한 해답, 놀이 속 교사의 역할과 기록을 담았다.

그림책 요리놀이 102

이현주, 홍표선, 전영숙, 이은주, 이미영, 김광혜, 오은주 지음 | 김선규 감수

32권의 그림책으로 맛있게 빚어낸 102가지 요리와 놀이 레시피 그림책 속 음식을 만나 즐겁게 요리하고, 다양한 놀이와 친구가 되어 오감 만족 놀이터에서 신나게 놀 수 있다. 음식이 지닌 맛과 향은 감각적인 즐거움을 주고, 정성 가득한 한 끼는 마음의 결핍을 채워 행복한 일상을 만들어 준다.

그림책 놀이 82

성은숙, 이미영, 이은주, 한혜전, 홍표선 지음

상상놀이에서 인성놀이, 자연놀이, 문제해결놀이까지 그림책을 읽고 아이들과 함께 쉽고 재미있게 할 수 있는 다양한 놀이를 소개한다.

놀이로 풀어보는 유치원 학급운영

정유진, 정나라 지음

'황금의 5주' 3월을 위한 놀이 중심 학급운영. 유치원 일 년 학급운영의 기초가 되는 기본생활습관 지도를 위한 다양한 활동과 팁, 친밀감을 높이는 관계형성놀이 그리고 3월이 시작되기 전 교사의 마음가짐과 준비할 것들을 소개한다.

슬기로운 유치원 생활

김진희, 이미영, 이여빈, 이은주, 홍표선 지음

최근 다시 찾아온 코로나19 상황, 감염병을 지혜롭게 이겨내기 위한 방법을 안내하기 위해 여러 유아교육 기관과 가정에서 실천했던 좋은 사례를 모았다.

유치원 학급운영 어떻게 할까?

뿌리 깊은 유치원 교사 연구회 지음

유치원 학급운영을 고민하는 교사들에게 교실 환경 구성에서 모둠 운영까지, 등원 지도에서 귀가 지도까지, 문제해결을 위한 기술에서 학부모 상담까지 학급운영을 위한 모든 것을 알려준다.